高等职业教育公共课精品教材

大学生素养提升

主　编　姚子凤　胡康平

副主编　罗攀登　许　艳　周思源　杨　芳　贺跃宗

参　编　侯利亚　翁先海　周力坤　赖晓红

中国轻工业出版社

图书在版编目（CIP）数据

大学生素养提升 / 姚子凤，胡康平主编. —北京：中国轻工业出版社，2022.9

高等职业教育公共课精品教材

ISBN 978-7-5184-4064-1

Ⅰ.①大… Ⅱ.①姚…②胡… Ⅲ.①大学生—素质教育—高等职业教育—教材 Ⅳ.①G718.5

中国版本图书馆CIP数据核字（2022）第123064号

责任编辑：张文佳　　责任终审：劳国强

整体设计：锋尚设计　　责任校对：朱燕春　　责任监印：张　可

出版发行：中国轻工业出版社（北京东长安街6号，邮编：100740）

印　　刷：三河市国英印务有限公司

经　　销：各地新华书店

版　　次：2022年9月第1版第1次印刷

开　　本：710×1000　1/16　印张：11.5

字　　数：240千字

书　　号：ISBN 978-7-5184-4064-1　定价：39.80元

邮购电话：010-65241695

发行电话：010-85119835　传真：85113293

网　　址：http://www.chlip.com.cn

Email：club@chlip.com.cn

如发现图书残缺请与我社邮购联系调换

KG1448-220624

前 言

为深入学习习近平新时代中国特色社会主义思想，培养拥护中国共产党，为人民谋幸福、为民族谋复兴的可靠接班人，益阳职业技术学院（以下简称“学院”）通过实施铸魂工程，构建铸魂育人“四铸四立”模式，帮助学生树立正确的世界观、人生观和价值观，培育“有理想、有道德、有文化、有纪律”的时代新人。

本书围绕学院铸魂育人“四铸四立”的育人模式，以“四铸”为内涵编写“铸牢信仰”“铸塑价值”“铸就精神”和“铸造人格”四个篇章，以“立”为引导，确立“立志”“立学”“立行”“立心”四个目标，每个篇章由导语、原典、释义、解读、案例五个部分组成，坚持重要观点与论据以官方文献为依据，实现了习近平总书记讲话内容与思政教育的深度融合，是广大师生学习和引导大学生成长成才的重要学习资料。

本书由益阳职业技术学院姚子凤、胡康平担任主编，罗攀登、许艳、周思源、杨芳、贺跃宗担任副主编，北京市通州区运河中学侯利亚、翁先海、周力坤、赖晓红参编，张嫔靓、任可、何佩、姚之慧、周子奕为本书的编写提供了帮助。

本书在编写过程中，参阅了一些专家、学者的有关文献、资料，在此一并致谢。由于诸多原因，本书仍会存在一些不足，恳请读者不吝赐教。

编　者

目录

第一章

铸牢信仰——立志 >>>

导语

一直以来，我们党之所以能够创造一个个奇迹，取得一次次胜利，取得今天的伟大成就，就是因为无数的英烈先辈、仁人志士心中充满信仰，理想信念坚定，才能始终不渝、百折不挠，不论风吹雨打，不怕千难万险，坚定不移为实现既定目标而奋斗。

广大青年是中国特色社会主义事业的建设者和接班人。编者围绕青年应树立中国特色社会主义的共同理想和肩负起民族复兴的时代重任2个主题整理了习近平总书记相关语录和用典，并配以拓展案例，引导青年学生筑牢以中国特色社会主义“道路自信、理论自信、制度自信、文化自信”为信仰之基，引导广大青年成为“爱国、立志、求真、力行”的栋梁之材。

道路自信

只有回看走过的路、比较别人的路、远眺前行的路，弄清楚我们从哪儿来、往哪儿去，很多问题才能看得深、把得准。这一论述为我们站在新的历史方位上，审视、理解并进一步坚定中国特色社会主义道路自信提供了基本遵循，对开创中国特色社会主义事业新局面，具有重要的现实意义和深远的历史意义。

——习近平在新进中央委员会的委员、候补委员和省部级主要领导干部学习贯彻习近平新时代中国特色社会主义思想和党的十九大精神研讨班上的讲话（2018年1月5日）

原典

且子独不闻夫寿陵余子之学行于邯郸与？未得国能，又失其故行矣，直匍匐而归耳。

——《庄子·秋水》

释义

“邯郸学步”是《庄子》里的一个寓言故事，讲了一个燕国人不辞辛苦来到赵国的国都邯郸学当地人走路，可这个人不仅没有学会邯郸人走路，反而把自己原来的走路方法也给忘了，最后只好爬回了燕国。邯郸学步，以及东施效颦、拾人牙慧等一系列成语都说明，自己的路终究需要自己走，跟在别人后面，一定不会有出路。

解读

我们的国家是繁荣富强、美丽昌盛的国家，对我们的国家发展道路充满自信，是当代青年应该有的感悟。当代青年不仅要努力学习科学文化知识，还要在实践中检验真理，在行动中增强自信，在逐渐实现人生价值的道路上增强自己对祖国的自信心，同时要不断地增强自身的实力，才能为我们的国家发展贡献更多的力量，实现更高的人生价值。

案例

“神舟之父”戚发轫：要强大必须靠自己

在中国航天的历史上，戚发轫院士的履历堪称传奇：从中国的第一发导弹“东风一号”、第一枚三级运载火箭“长征一号”、第一颗卫星“东方红一号”、第一艘试验飞船“神舟一号”到第一艘载人飞船“神舟五号”，他见证了中国航天从无到有、从弱到强的发展历程，被称为“行走的航天百科全书”。

1992年9月21日，中国政府正式批准实施中国载人航天工程，确立了三步走的发展战略，其中第一步就是发射载人飞船，戚发轫被任命为飞船的首任总设计师，彼时的他59岁，距离退休只有一年。戚发轫犹豫了很久，最终接下了任务，“不止我，那几个副总师都跟我差不多，也都是这么大岁数的人，所以就是一些老同志带着一些年轻的同志干这件事。”

“1992年社会上有一句话，搞导弹的不如卖茶叶蛋的。我们所在的中关村，当时已经很开放了，我们这里待遇低，外界诱惑多，走了很多人，我很心疼，也不怪离开的人。”但此时也仍然有一批人，始终坚守理想信念。在戚发轫的带领下，袁家军、尚志、张柏楠、杨宏等人合力扛起项目大旗，“国家有特殊需要了，虽然待遇很低很苦，但我能够干，这是一种精神。”经过7年的努力，1999年神舟一号发射成功，“比预定的落点只差10公里，是世界上落点最准的。”

戚发轫曾不止一次说过，中国是一个航天大国，但还不是航天强国。而成为航天强国并不是单纯从载人这一个方面来说的，而是涉及航天技术、航天科技以及航天应用的各个方面。“从宏观上来讲，航天有三个领域：一是航天技术，比方说我们搞卫星，搞火箭发射，这叫航天技术；二是航天科学，就是探索浩瀚的宇宙；三是航天应用，发射卫星，用了才有效益。”

建成空间站，把宇航员成功送上去就是我们的终极目标吗？建成后的空间站究竟要做什么？戚发轫提到，老百姓可能会认为空间站建了、人上去了就完了，但这不是最终目的，“空间站的建成是一步，运行应用又是一步。建设好平台，有效载荷专家来做实验，这就是效益。”

中国不仅要把自己的专家送上空间站，也欢迎外国的航天员来访问或者工作。戚发轫指出："空间站是空间科学的实验平台，将在这里开展地面无法开展的实验，同时为载人登月、火星探测做准备。例如，人要到月球上去，会遇到月球的一些环境，可以事先在空间站上做一些实验。"

对于美国NASA局长纳尔逊发表的"我们希望与中国合作，但中国没有主动提出"的说法，戚发轫直接回怼，"是美国不来，也不让我们去。美国在国会上立法，宣布航天空间站不和中国交流。"美国国家航空航天局的会议不让中国专家参加。戚发轫也曾因为是中国载人航天工程的参加者而拿不到签证，"这就是为什么我们要强调自力更生，当年需要，现在更需要。"

戚发轫说，以前因为中国跟美国差距很大，美国不害怕中国，有时候会给点东西，但也会限制中国。而现在中国与美国离得很近了，因此哪方面有成绩哪方面就被卡，"华为有成绩，要卡你，北斗要建立，要卡你。北斗现在任何国外的东西没有，为什么呢？它就不希望你建成嘛。但正是因为它逼着，我们自己搞也搞成了。我这60年的体会就是你要发展、要强大只能靠自己，不能靠别人。"

近年来，随着年岁增长，戚发轫把大量时间和精力投入到航天科普的工作中。他曾在香港地区给青少年讲爱国主义和航天精神，"爱国是很高尚的，但并不是高不可攀的，我们每个人都能做到。你能把你的精力，能把你的学问，把你的时间献给国家，献给事业，献给岗位就是爱国。"爱国奉献精神已经融入戚发轫的血液和生命中。"一个事业、一个民族、一个国家，甚至一个人，没有点精神是干不了大事的。"戚发轫说。

艰苦奋斗，自力更生，正是一代代科学工作者将他们的智慧与心血奉献给了中国发展的伟业，我们才有底气在民族复兴的道路上，将道路越走越宽广。

文化自信

中华文化之所以如此精彩纷呈、博大精深，就在于它兼收并蓄的包容特性。展开历史长卷，从赵武灵王胡服骑射，到北魏孝文帝汉化改革；从"洛阳家家学胡乐"到"万里羌人尽汉歌"；从边疆民族习用"上衣下裳""雅歌儒服"，到中原盛行"上衣下裤"、胡衣胡帽，以及今天随处可见的舞狮、胡琴、旗袍等，展现了各民族文化的互鉴融通。各族文化交相辉映，中华文化历久弥新，这是今天我们强大文化自信的根源。

——习近平在全国民族团结进步表彰大会上的讲话

（2019年9月27日）

原典

观乎天文，以察时变；观乎人文，以化成天下。

——《易经》

释义

首先“观乎天文”中的“观”，并不是我们现代通常认为的“观”即“看”的意思。“观”相比于“看”，增加了思维的境界，“观”的本意是看的同时以及看之后，有大脑的思维、琢磨、了解、探究，这样才是“观”。“观乎人文，以化成天下”整句的意思就是通过审视跟人以及人的行为有关的周遭事物的各种现象，归纳总结出它们的规律性，以此为指导产生了相互转化而成的天下万物。

解读

青年是未来推动社会前进和发展的中流砥柱，当今社会是一个迫切需要技术型人才的社会，当前国际竞争越来越激烈。未来的国际竞争重点是科技的竞争和人才的竞争。青年要树立正确的文化观，对于优秀的传统文化进行继承和弘扬，增强对民族文化的认同。中华民族创造了悠久的历史文化，要不断去探索民族文化的内涵。

案例

河南卫视又“出圈”：文化自信就是这个范儿

从“唐宫夜宴”到“纸扇书生”再到舞蹈“洛神水赋”，“2021年河南春晚”和“元宵奇妙夜”“清明奇妙游”“端午奇妙游”等节目频繁

“出圈”，令全国观众眼前一亮。“其形也，翩若惊鸿，婉若游龙。荣曜秋菊，华茂春松。髣髴兮若轻云之蔽月，飘飖兮若流风之回雪。远而望之，皎若太阳升朝霞；迫而察之，灼若芙蕖出渌波……”河南卫视用一支2分钟的“洛神水赋”舞将一千八百年前，曹植所写的名篇《洛神赋》3D再现。刷爆网友朋友圈、霸榜热搜的河南卫视证明：“传统文化+优质表达=新流量密码”。

“通过水下舞蹈演绎曹植名篇《洛神赋》，舞蹈演员在水下轻盈如燕，衣袂翩跹，让我对曹赋中洛神的‘瑰姿艳逸’和‘柔情卓态’有了全新的感受。”华中师范大学教授、博士生导师戴建业说，河南广播电视台高水平的制作，把中国的传统文化一步步推向高潮，唤醒亿万国人文化的认同感和自豪感。

河南卫视近两年推出的“中国节日”系列对传统文化的再现做出了许多探索，从传统文化中汲取灵感，再进行新的创作演绎，直击观众内心。正如那句“民族的才是世界的”，将优秀的民族文化通过合适的载体和方式表达出来，所能带来的能量是巨大的。河南卫视，仅仅一年的时间，就树立起了爆款专业户的称号，就给自己打造出了“传统文化代言”的标签。凭什么？凭的是河南中华大地深厚的文化底蕴，靠的是编导团队的用心下功夫。

河南卫视的爆红，不难窥见一个真理：一个民族的文化自信，才是真正的顶流！中华民族千年文化灿若星辰，一直照耀着中华大地，作为华夏儿女，无论身处何时何地，都不能忘记那流淌在血液中的文化底蕴。人民有信仰，国家有力量，民族才有希望。河南卫视节目的爆红给我们打开了一个传承中国优秀传统文化的窗口，溯源千古，唤醒国人的文化自信。当今世界正经历百年未有之大变局，世界范围内各种文化交流、交融、交锋更加频繁。面对复杂的国际环境，实现从文化大国到文化强国的跨越，是当代中国人民面临的重大课题。在未来的舞台上，我们应输出更深厚的中华文化，以创新之势、博古之意，提升民族凝聚力。

有创新，才能够无限创造。文化学者蒙曼说："主创人员从传统文化里要来了素材，要来了审美情趣，要来了民族精神，又从当代要来了3D技术、VR技术，等等，这些技术手段向互联网要来了新的传播方式和流量，这种传统和现代的结合就是总书记倡导的创造性转化和创新性发展，这才有了一系列既根植传统又面向未来的节目，也才能够受到人民群众的衷心欢迎。"

中华文化博大精深，文化节目别出心裁从传统文化入手，总有一点能够迎合现代观众的审美。火花四溅的铜梁火龙舞，国家级非遗，在河南卫视的剪辑和运镜下，火树银花，满目星耀，脑海里会立时浮现辛弃疾笔下"东风夜放花千树，更吹落，星如雨"的盛景。开放创新的同时，保留数千年文明的庄重与大气，让观众在作品中感受到一种肃穆，一种震撼。尊重传统文化，运用现代科技再现震撼人心的古典之美，这正是中国传统文化的出路。

河南卫视的出圈重燃了大众内心的文化认同和自信，在带给我们自豪感、荣誉感的同时，也在向世界证明着我们的文化魅力，没错，文化自信就是这个范儿!

制度自信

中华民族是一个兼容并蓄、海纳百川的民族，在漫长历史进程中，不断学习他人的好东西，把他人的好东西化成我们自己的东西，这才形成我们的民族特色。没有坚定的制度自信就不可能有全面深化改革的勇气，同样，离开不断改革，制度自信也不可能彻底、不可能久远。我们全面深化改革，是要使中国特色社会主义制度更好；我们说坚定制度自信，不是要固步自封，而是要不断革除体制机制弊端，让我们的制度成熟而持久。

——习近平在省部级主要领导干部学习贯彻十八届三中全会精神全面深化改革专题研讨班上的讲话（2014年2月17日）

原典

凡将立国，制度不可不察也，治法不可不慎也，国务不可不谨也，事本不可不抟也。

——商鞅《商君书·开塞》

释义

凡是要建立一个国家，必须认真考察制度，慎重推行律法，谨慎处理政务，集中力量解决国家的根本大事。

解读

在几千年的历史演进中，中华民族形成了关于国家制度和国家治理的丰富思想。于一个国家而言，制度具有管根本、管长远、管全局的作用。制度优势是我国的最大优势。实践证明，中国特色社会主义制度是推进当代中国发展进步的根本保障。中华民族之所以能迎来从站起来、富起来到强起来的伟大飞跃，最根本的是因为党领导人民建立和完善了中国特色社会主义制度。坚定中国特色社会主义制度自信，才能实现中华民族伟大复兴的中国梦。

案例

陈贝儿：做扶贫攻坚的见证者与传播者

2021年度感动中国人物中，来自香港的演员陈贝儿引人关注。我们对于娱乐明星出现在各种杂志媒体上司空见惯，但能入选感动中国名单的却很少见。

陈贝儿为什么会感动中国？ 2021年高分纪录片《无穷之路》在各

大媒体上刷爆，也因此她能当选感动中国人物。陈贝儿想记录我国的扶贫过程，于是穿越多个省份，深入十余个具有代表性的重度贫困地区进行拍摄。感动中国组委会给予陈贝儿的颁奖词是：从霓虹灯的丛林中转身，让双脚沾满泥土。从雨林到沙漠，借溜索穿过偏见，用钢梯超越了怀疑。一条无穷之路，向世界传递同胞的笑容，你记录这时代最美的风景。

人们不禁疑惑，拍了一部纪录片就能感动中国吗？这样是不是有些降低了这个奖项的含金量，高估了这个中国香港女演员？实际上只要是看了这部纪录片，人们就会明白陈贝儿能够获奖的原因。

关于扶贫题材的相关影片大家都看了不少，然而陈贝儿因她独特的和接地气的拍摄手法，让观众们屡屡落泪。

这部纪实片不但第一次以中国香港人的角度拍摄，而且以全新的记录者俯身躬行的角度进行拍摄，打破了传统只强调宏观的拍摄角度，让观众感受我国扶贫攻坚的历程，镜头充满着写实感和细腻感。

四川的大凉山悬崖村是最让人印象深刻的一集，2000多级的钢梯，为了对悬崖村易地搬迁的原因一探究竟，陈贝儿来回两次折返攀爬，由于有恐高症，她身体不停地颤抖。悬崖村的钢梯，越往上爬越陡，很多路段缺乏基本的安全防护，稍有不慎就会跌入万丈深渊。之前也有不少人来村里拍摄，因为险峻的路途，即使是男士爬到一半也只能半路返回。

陈贝儿出生于中国香港，长在加拿大，自小生活条件优越，但她一点也不娇气。在云南怒江那集，在汹涌的怒江上她也是克服重重恐惧，亲自拿着摄像头拍摄了当地人路途的艰辛。无论遇到任何险峻的环境，她都带头去体验，没有幕后的指点，也没有长篇的赞美，只为表达出由衷的敬佩和祝福。

陈贝儿以这种第一人称的视角，记录了悬崖村村民用上4G网、云南建起199座大桥取代溜索等扶贫带来的变化，让观众感受到如此震撼。

她在采访中说道："作为一个媒体人，我真的不可以只看人家的报道就信以为真，我是真的要去亲自去走、去看、去想。"

当有人问做扶贫主题节目的初衷是什么时，陈贝儿说因为看到不少境外媒体质疑我国的扶贫攻坚，所以她决定以求真务实的态度，深入扶贫山区进行实地拍摄。陈贝儿选择最典型的贫困山区进行拍摄，以展示祖国脱贫攻坚成果，向全国乃至全世界传递正能量。

每到一个地方，她都全方位融入当地人的生活，尽可能深入体验当地原生态的生活，记录各种身份、各种职业、各种家庭。

陈贝儿将镜头对准了不同的人群，她采访数十年如一日的溜索医生，探访贫困山区孩子们的教育问题，采访《山海情》的原型。在她的镜头中，记录的贫困山区妇女们的就业问题引起了社会的关注，也记录了一些以前扶贫片中少有的国际友人为扶贫发展倾囊相助的现象。绝大多数扶贫纪录片中，我们只看到了宏观的数据和政策，还有主旋律的歌颂，但在这部纪录片中让观众感受到了国家精准扶贫的政策。

香港姑娘陈贝儿让我们能直观见证我国的扶贫攻坚成果，感受到基层扶贫工作人员的伟大，都因为她以最平等和客观的角度进行记录。因为《无穷之路》，因为陈贝儿的努力，我们也看到了别样的祖国。作为媒体人陈贝儿时刻保持着清醒，她选择了关注扶贫、关注公益、关注现实。当下我们的媒体充满了流量明星和网红，我们需要的正是这种担当和责任感。所以，陈贝儿是当之无愧的感动中国人物，是中国媒体人的榜样。

理论自信

我们党是高度重视理论建设和理论指导的党，强调理论必须同实践相统一。我们坚持和发展中国特色社会主义，必须高度重视理论的作用，增强理论自信和战略定力。在新的时代条件下，我们要进行伟大斗争、建设伟大工程、推进伟大事业、实现伟大梦想，仍然需要保持和发扬马克思主义政党与时俱进的理论品格，勇于推进实践基础上的理论创新。时代是思想之母，实践是理论之源。我们要在迅速变化的时代中赢得主动，要在新的伟大斗争中赢得胜利，就要在坚持马克思主义基本原理的基础上，以更宽广的视野、更长远的眼光来思考和把握国家未来发展面临的一系列重大战略问题，在理论上不断拓展新视野、作出新概括。

——习近平在省部级主要领导干部“学习习近平总书记重要讲话精神，迎接党的十九大”专题研讨班开班式上的讲话

（2017年7月26日）

原典

光韶博学强辩，尤好理论，至于人伦名教，得失之间，榷而论之，不以一毫假物。

——《魏书·崔光韶传》

释义

光韶是一个博学强辩的人才，尤其是在讲述道理和辩论方面很擅长，在权衡事物的是非与得失的时候，他从不武断，而是仔细分析加以阐述，判断出事物的真假。

解读

中国特色社会主义理论自信作为“四个自信”的核心，将引领学生实训实习，进入职场步入社会，承担全面建设小康社会的重任。青年将来毕业后步入职场，开始就业创业，开启人生理想，描绘人生蓝图，离不开先进的思想引领。正如马克思所说，“重视作为我们职业的基础的思想，会使我们在社会上占有较高的地位，提高我们本身的尊严，使我们的行为不可动摇”。对当代青年而言的“职业的基础的思想”，就是中国特色社会主义理论体系。因此，坚定青年中国特色社会主义理论认同，并坚持“理论自信”，就是千里之行始于足下，势在必行。

案例

团中央“青年讲师团”：打造青年理论武装工作的“轻骑兵”

“你为中国感到自豪吗？我的国家爱我吗？我能为祖国做些什么？”2021年7月30日，在团中央机关举行的“青年讲师团”汇报宣讲会上，山东理工大学马克思主义学院讲师岳松提出的“新爱国三问”，引发了全场观众的思考。

“胡麻岭隧道全长13.6千米，我们用2年多的时间，就挖通了10多公里，而最后的173米，我们却足足挖了6年。”中国铁建十九局集团有限公司工程师、全国向善向上好青年夏荔，动情地讲述着胡麻岭隧道贯通时的场景……感人至深的榜样故事、风趣幽默的理论阐释、深入浅出的成就解读深深地打动了在场的观众。

像岳松和夏荔这样的青年讲师，还有很多。他们都来自团中央“青年讲师团”，都有一个共同的名字：青年理论武装工作的“轻骑兵”。

习近平总书记曾对共青团提出明确要求：要在广大青年中加强和改进理论武装工作，引导广大青年运用马克思主义立场、观点、方法观察分析问题，从而坚定正确政治方向，增强道路自信、理论自信、制度自信、文化自信，坚定听党话、跟党走的人生追求。

总书记的要求发出后，团中央迅速行动，于2021年2月，启动实施了“青年讲师团”计划，紧紧围绕学习、宣传、贯彻习近平新时代中国特色社会主义思想，面向全国选拔、培养一批政治立场坚定、理论素养扎实、个人事迹突出、宣讲能力过硬的优秀青年讲师，启动组建“团中央、省级、地市级”三级“青年讲师团”队伍，把党的科学理论在青年中讲清、讲实、讲活，着力打通理论武装青年的“最后一公里”。

作为“青年讲师团”计划的示范队和排头兵，团中央“青年讲师团”面向全国选拔了139名优秀青年党政干部、青年理论专家、高校青年教师、青年媒体工作者、青年典型等，开展了为期一个月的集中培训。4个临时组建的党支部，23堂大咖云集的精品理论课程，累计690余人次的模拟宣讲训练和测试，持续开展的“不忘初心 牢记使命”主题教育，让学员们在充实的学习中不断提升对党的理论的理解和把握，在挑战自我、互帮互助中快速成长。

来自高校、媒体、机关、企业、科研、创客等各领域各地区的青年代表们，一起并肩作战在团中央“青年讲师团”培训班。四川省鑫燕合作社理事长吴艳坦言，她刚步入中央团校时，内心充斥着对繁忙学习任务和测试的焦虑。经过一个月紧张的学习、备课、模拟试讲以及两天两夜的宣讲测试，她已经能够自信地参加实地宣讲，能力提升，收获多多，感动满满。

为了检验和展示培训成果，2021年7月27日至30日，团中央“青年讲师团”走进中国中车、中国中建、中国中铁、中国保利等10家央企以及团中央机关进行宣讲。党的科学理论、党史国史团史、国情形势政策以及青春榜样故事，是“青年讲师团”宣讲的四大主要内容。初心与使命、英雄与榜样、大国与小家、文化传承与全球博弈，各类议题化为青年讲师们口中一个个鲜活的故事，牵动着台下观众们的心。

青年讲师胡剑锋，坚持做志愿服务19年，累计志愿服务时间11000余小时，是儿子眼中的“超人爸爸”。常有人问胡剑锋，是什么让他坚持做了这么久，他便用帮扶对象铁婵的鲜活故事来作答。中建交通建设集团的张鹏告诉记者，从讲师胡剑锋身上，他真切感受到了志愿服务带给人的向上向善的快乐。

广西师范大学马克思主义学院副院长、团中央“青年讲师团”成员靳书君，用幽默平实的语言，向大家还原了一个最真实的马克思，也让大家理解了那个经常被挂在墙上、印在书里、出在考试题里的马克思。中车集团的苏旭表示，马克思是一个有血有肉的平常人，但其初心和理想让他深深地感动。

不论是在企业还是在机关，团中央“青年讲师团”的宣讲都广受好评。良好的宣讲效果，源于丰富有趣的内容，更得益于形式上的大胆创新。在宣讲中，青年讲师们将传统形式与现代手段结合，创新性地把互动问答、新媒体技术手段、TED演讲等因素巧妙运用于宣讲之中，用青言青语，让传统形式焕发出新的生机。

团中央“青年讲师团”汇报宣讲会，通过网络直播的方式，吸引了超过789万人次在线观看；湖北人民广播电台主持人刘征，用电波的声音讲述几代人的奉献故事，让听众为祖国有这么多可爱的人而感到自豪；网友们纷纷在弹幕上为讲师们的精彩宣讲点赞：几位宣讲人的讲述，让听众们有泪有笑有收获，他们传播了正能量，是大家的榜样……

“青年讲师团”将始终坚持以青年为本，进学校、进企业、进机关、进社区、进农村、进部队，用面对面的讲解传递思想力量，用肩并肩的交流回应青年关切，用心贴心的阐释解答青年困惑，努力做好青年理论武装工作的“轻骑兵”，在党的创新理论和青年之间，架起一座学习与传播的“桥梁”。

爱国

五四运动以全民族的力量高举起爱国主义的伟大旗帜。五四运动，孕育了以爱国、进步、民主、科学为主要内容的伟大五四精神，其核心是爱国主义精神。爱国主义是我们民族精神的核心，是中华民族团结奋斗、自强不息的精神纽带。

——习近平在纪念五四运动100周年大会上的讲话

（2019年4月30日）

原典

少年智则国智，少年富则国富；少年强则国强，少年独立则国独立；少年自由则国自由；少年进步则国进步；少年胜于欧洲，则国胜于欧洲；少年雄于地球，则国雄于地球。

——梁启超《少年中国说》

释义

少年聪明我们国家就聪明，少年富有我们国家就富有；少年强大我们国家就强大，少年独立自主我们国家就独立自主；少年拥有自由我们国家就拥有自由；少年不断进步我们国家就不断进步；少年胜过欧洲，我们国家就胜过欧洲；少年称雄于世界，我们国家就称雄于世界。

解读

青年群体的力量与国家、民族命运紧紧相连，青年要始终保持头脑清醒和正确认知，不要受到错误的言论影响。青年要深刻认识到当代中国的命运和党的命运、社会主义的命运是密不可分的。青年人要坚持将个人的奋斗融入实现中国梦当中，在各行各业中发挥突击队作用，要坚定爱国情怀，成为新时代的奋斗者，去祖国最艰苦、最需要的地方建功立业，为民族复兴大业贡献自己的力量。

案例

钱学森：科学巨擘，伟大的爱国者

浙江省杭州市下城区马市街方谷园有一座白墙黑瓦的小院。起初，这座小院与周边许多小院一般无二。后来，“两弹一星”功勋奖章获得者、伟大的爱国者钱学森先生，从这座小院走出，走向全国、走向世界，为祖国和人民建立了丰功伟绩。于是，这座小院便拥有了一个响亮的名字——钱学森故居。

1911年12月11日，钱学森出生于上海，籍贯浙江省杭州市。钱学森祖上以丝绸发家，家境殷实，他从小就接受了良好的教育，一生受父母影响颇多。他的父亲曾经留学日本，主修教育学，提倡“兴教救国”，曾担任浙江省立第一中学校长，在当地颇有影响。他的母亲也受过良好的教育，记忆力和计算能力颇佳，钱学森从小表现出的非凡记忆力和后天展现的科学才华，也得益于母亲的优秀基因。

1923年9月，钱学森跟随父亲到北京，进入北京师范大学附属中学学习。1929年，他考入铁道部交通大学上海学校机械工程学院铁道工程系。1935年，钱学森以优异的成绩，考取公费留学，远赴美国麻省理工学院、加州理工学院深造。

送他上船时，钱学森的父亲留下教诲：“人，生当有品：如哲、如仁、如义、如智、如忠、如悌、如教！吾儿此次西行，非其夙志，当青春然而归，灿烂然而返！”钱学森谨遵父亲教诲，许下好好学习、努力学习知识贡献社会的朴素愿望。此后他长期从事航空和火箭技术研究，并很快成为当时美国航空理论方面的顶尖科学家。

1949年，任麻省理工学院教授的钱学森，得知新中国成立的消息。他知道，当时积贫积弱的祖国，需要大量的科技人才来一起建设，决定放弃美国优渥的生活，回到心心念念的祖国。当时，钱学森是航空理论方面的顶尖科学家，美国人曾形容他为“一个人抵得上5个海军陆战师”，又怎会轻易放手？美国政府先是许以重利，想将他留在美国，在遭到钱学森拒绝后，又以各种手段阻拦钱学森回国。他们甚至将钱学森及其家人监禁起来，时间长达五年之久。钱学森在身心受到重创的情况下仍不妥协。最终在毛主席和周总理的交涉下，1955年，钱学森被解除出境限制，回到了心爱的祖国。

钱学森的回国，使我国导弹、原子弹的发射至少向前推进了20年。他坚信“外国人能搞的中国人也能搞”，在接到组建中国第一个火箭、导弹研究所——国防部第五研究院并担任首任院长的任命后，他一头扎入了研发新中国火箭、导弹和航天器的工作当中。在异常艰苦的条件下，钱学森带领科研人员，克服了重重难以想象的困难，短短4年时间便成功发射我国第一枚近程导弹；又4年后，中近程导弹发射成功；两年后的1966年，我国拥有了导弹核武器，跻身世界强国之列。

晚年回忆起自己为什么要回国时，钱学森说：“我为什么要走回归祖国这条路？我认为道理很简单——鸦片战争近百年来，国人强国梦不息，抗争不断。革命先烈为兴邦，为了炎黄子孙的强国梦，献出了宝贵的生命，血沃中华热土。我个人作为炎黄子孙的一员，只能追随先烈的足迹，在千万般艰险中，探索追求，不顾及其他。”1959年，钱学森加入了中国共产党。

钱学森曾说：“我的事业在中国，我的成就在中国，我的归宿在中国。”学生时代，他志在报国，坚定“航天救国”的理想；留美期间，他潜心钻研，志在兴国，立志将所学应用到祖国建设需要中去。他始终将个人理想与祖国命运相结合，将服务人民、报效祖国作为自己坚定不移的信念，将爱国之情融入伟大事业当中，一生坚守航天事业，为我国航天事业发展做出了突出贡献，被誉为“中国航天奠基人”，被党中央、国务院、中央军委授予“两弹一星功勋奖章”。1991年10月16日，国务院、中央军委授予钱学森“国家杰出贡献科学家”荣誉称号，这一共和国历史上授予中国科学家的最高荣誉，钱学森是迄今唯一的获得者。

然而钱学森却把自己的贡献看得非常淡，他常说："我的一切成就归于党，归于集体。"这种矢志报国、淡泊名利、爱国奉献的科学家精神，这份真挚无私的爱国之情，至今仍镌刻在一代代航天人不懈奋斗的足迹里，也激荡在每一个爱国者的热血里。

立志

未来属于青年，希望寄予青年。一百年来，一群新青年高举马克思主义思想火炬，在风雨如晦的中国苦苦探寻民族复兴的前途。一百年来，在中国共产党的旗帜下，一代代中国青年把青春奋斗融入党和人民事业，成为实现中华民族伟大复兴的先锋力量。

——习近平在庆祝中国共产党成立100周年大会上的讲话（2021年7月1日）

原典

老骥伏枥，志在千里；烈士暮年，壮心不已。

——曹操《龟虽寿》

释义

老马卧倒在马棚里，最大的志向还是驰骋千里；壮志凌云的人即使到了晚年，奋发进取的心还没有停止。

解读

青年，是祖国的未来和民族的希望，是实现中华民族伟大复兴的先锋力量。一个人要想做出一番事业，就要确定自己的志向。青年最重要的志向应该同祖国和人民紧密联系，要树立远大理想，坚定信念，将小我融入祖国的大我、人民的大我之中。青年人应该立志高远，不畏艰难，主动承担起当代青年的责任，把个人的理想志向融入党和国家事业当中，斗志昂扬行走在实现中华民族伟大复兴的道路上。

案例

许海峰：坚守体育事业的奥运冠军

“我们中国人从来没有被世界强手吓倒过。”这是年轻的许海峰写在日记里的一句话，这句话也贯穿了他的整个体育人生。直到现在，许海峰年少时候立下的体育强国志从未消减，他仍在为中国体育事业贡献着自己的力量。

许海峰，生于1957年，安徽全椒人。成为运动员之前，许海峰做过知青，也做过供销社营业员。1982年，他放弃了当时令人羡慕的供销社工作，开始跟随自己的体育老师练习射击。短短两个月，许海峰就拿到了省冠军，被省射击队招收为射击运动员。

许海峰非常喜欢射击，也很有天赋，上初中时就因弹弓打得好而轰动全校。进入省队后，他天天泡在训练场。当时省队的训练设备不足，训练枪和子弹都非常有限，每次扣动扳机都要百分百专注。冬天天气寒冷，训练时没有取暖设备，包括许海峰在内的很多队员都生了冻疮，但却冻不退他们的训练热情。为了增加稳定性，不论冬夏，许海峰都坚持穿着厚棉衣进行训练，一场训练下来，整件衣服都被汗水浸透了。正是凭着在艰苦中磨砺出来的技术，许海峰短时间内就取得了优异的射击成绩，一年后被征调到国家队参加集训。

1984年，新中国成立后第一次派出代表团参加夏季奥运会，这也代表着中国向世界迈出了体育竞技的步伐。面对外国人对中国的敌意，许海峰在训练日志中写道："我们中国人从来没有被世界强手吓倒过，越是强手，我们越要找他较量。"

7月29日，许海峰在洛杉矶普拉多射击场进行男子手枪60发慢射比赛。比赛中，每位选手60发子弹，每组10发，分六组进行。在第一、第二组中，许海峰打出了两个97环，但是在第8发，他只打了8环。当时，瑞典名将斯堪纳克尔以565环的成绩名列第一，而许海峰没打出最后一枪时的成绩是556环，这就意味着许海峰最后一枪要打到9环或10环才能获得冠军。全球的目光都聚集在他身上，许海峰的压力可想而知。这关键的最后一组，许海峰首先要调整好自己的心态。于是，他放下枪，一个人走到射击场外面，默默坐了半个小时。冷静下来的许海峰沉稳地拿起枪，打出了10环的好成绩，最终以566环的总成绩，一环险胜瑞典名将，夺得了中国奥运史上的首枚金牌。

这一刻是永载中国体育史册的神圣时刻。从这一刻起，中国奥运金牌终于实现了"零"的突破。在为他颁奖时，时任国际奥委会主席的萨马兰奇激动地说："今天是中国体育史上伟大的一天，我为能亲自把这一块金牌授给中国运动员而感到荣幸。"

1984年的洛杉矶奥运会上，中国代表团获得了15金、8银、9铜的好成绩，向世界展示了中国体育健儿的运动能力，而"零的突破"更是被赋予了浓厚的时代意义。当时的祖国刚刚改革开放，各方面还比较落后，体育领域的巨大突破，在精神层面振奋了民族精神，增强了国人的凝聚力。这枚金牌给当时还在摸索前行的中国注入了一针强心剂，也让世界认识了一个新的中国。从此，许海峰的名字镌刻在新中国的体育史册上，代表中华儿女向世界发出豪迈宣言，也凝聚着体育人奋力进取、永不言弃、勇攀高峰的精神。

洛杉矶奥运会结束两个月后，许海峰将那枚珍贵的奥运金牌捐赠给了历史博物馆。在他看来，自己的成功源于国家的实力，将金牌放在家里只有他一个人能够看见，而放在博物馆，可以让更多人看到，比放在家里的意义更大。在此之后，许海峰又参加了两届奥运会。1995年，许海峰退役并担任中国射击队女子手枪项目的教练，以另一种身份继续奉献于祖国的射击事业。许海峰带着一群年龄不一、性格不一、心理素质不一的运动员，以体育强国为共同目标继续前行，收获了傲人的成绩。1996年亚特兰大奥运会上，许海峰带的队员李对红获得女子手枪的金牌；2000年悉尼奥运会上，许海峰带的队员陶璐娜获得女子气手枪金牌……执教生涯中，许海峰带过40多个运动员，他们中的很多人都拿过世界冠军。

2004年，许海峰走上领导岗位，担任国家体育总局自行车击剑运动管理中心副主任，分管现代五项运动。当时现代五项运动起步晚，成绩差，许海峰不畏艰难，带领团队做了大量的调查研讨，制定出合理有效的训练方案。经过短短几个月的培训，中国队就获得了现代五项比赛的首个世界冠军。2018年，许海峰被授予“改革先锋”称号；2019年，他被评选为“最美奋斗者”。

面对如此多的成绩，许海峰从未骄傲。他认为，自己是国家培养的，所取得的成绩也是国家的成绩。他始终初心不改，全力奉献于国家体育事业。作为运动员，许海峰获得了13个世界冠军、9个亚运会冠军，两次打破世界纪录；作为教练，他带领队员多次获得世界冠军，多次打破世界纪录；成为领导后，他继续为体育事业奋斗数十年；退休后，他又投身于关心少年儿童眼部健康的公益事业，继续发挥着自己的余热。

从进入射击队的那一天开始，许海峰就将自己的人生志向与国家的体育事业紧密结合在一起，积极弘扬体育竞赛精神，传递奋勇拼搏的正能量。作为年轻一代，不管从事什么工作，我们都要树立起实现中华民族伟大复兴中国梦的坚定志向，向许海峰学习，为祖国贡献自己的青春和智慧。

明德

人类社会发展的历史表明，对一个民族、一个国家来说，最持久、最深层的力量是全社会共同认可的核心价值观。核心价值观，承载着一个民族、一个国家的精神追求，体现着一个社会评判是非曲直的价值标准。

古人说：“大学之道，在明明德，在亲民，在止于至善。”核心价值观，其实就是一种德，既是个人的德，也是一种大德，就是国家的德、社会的德。国无德不兴，人无德不立。如果一个民族、一个国家没有共同的核心价值观，莫衷一是，行无依归，那这个民族、这个国家就无法前进。

——习近平在北京大学师生座谈会上的讲话（2014年5月4日）

原典

古之欲明明德于天下者，先治其国；欲治其国者，先齐其家；欲其齐家者，先修其身；欲修其身者，先正其心；欲正其心者，先诚其意；欲诚其意者，先致其知，致知在格物。

——《礼记·大学》

释义

要做一个让天下人都能彰显自己本性的人，首先就是要治理好自己的国家；要治理好自己的国家，首先就是要治理好自己的家；要治理好自己的家，就要先修好己身；要修好己身，先要端正自己的心；要端正自己的心，就要保持恭敬真诚之意；要想保持恭敬真诚之意，就要悟到宇宙人生的真谛；要悟到宇宙人生的真谛，就要革除我们内心的各种物欲。

解读

习近平总书记指出："一个人只有明大德、守公德、严私德，其才方能用得其所。"作为青年人，要做到对党忠诚，身正为范，紧密结合时代发展新要求，常学常新，坚持不懈；要做到一心为民，为民守正，坚持以人民为中心，为人民谋幸福，为中华民族谋复兴。同时还要做到勤业精业，为人周正，要树立正确的价值观，培养健全的人格，不断锤炼自己，陶冶情操。

案例

杜富国：用生命担当使命的英雄战士

在祖国的西南边陲，有一群扫雷战士，他们用生命征服死亡雷场，将一块块和平的土地交给人民，扫雷英雄杜富国就是他们中的一员。在2018年10月11日那次扫雷作业中，杜富国为保护战友身负重伤，永远地失去了双手和双眼。

杜富国，贵州省遵义市湄潭县人，1991年11月出生，2010年12月穿上军装入伍，2016年11月入党。2015年6月，得知要组建扫雷大队的消息后，杜富国第一时间递交了申请书，主动请缨加入扫雷大队。

20世纪70年代到90年代，中越边境云南地段大概埋设了130万枚地雷，48万枚其他爆炸物，形成了断续分布、大小不等的161个混合雷场，总面积约290平方公里。尤其是老山地区的雷场，经过十余年的反复埋设，地雷种类多、数量多，情况复杂。以老山雷场为代表的云南边境雷场，更是被国际地雷界定义为“世界上扫雷难度最大的雷场”。密布的地雷严重威胁着当地人民群众的生命财产安全，也制约着边疆建设的发展。80年代，文山州有近六千人因触雷伤亡。1992年4月开始，我国组织了三次大面积扫雷和一次勘测扫雷，又有40余名扫雷战士因此伤亡。

可以说，扫雷就意味着危险，排雷兵就是和平时代距离死神最近的人，稍有差池就要付出生命的代价。对于这些，杜富国却从不在意。他在参加扫雷任务的申请书上写道：“我看到衡量的唯一标准是真正愿意为国家做了些什么，为百姓做了些什么……这就是我的使命，一个声音告诉我，我要去扫雷!”这就是杜富国，这是新时代革命军人用生命担当使命的热血与忠诚。

加入扫雷大队后，杜富国通过刻苦扎实的训练，迅速掌握了地雷排除方法。为训练探雷针手感，他每天坚持练习上万余次，成为全队公认的“排雷尖兵”。三年多的时间里，杜富国1000余次进入生死雷场，拆除2400余枚爆炸物，多次处置各类险情。在马嘿雷场作业时，杜富国沉着冷静，成功排除一枚59式反坦克地雷，也是全队首枚反坦克地雷。在杜富国和战友的努力下，一个个雷区变得安全，成为重要的黄金口岸地、红色旅游区。

谁也不曾想到，灾难会在2018年10月11日悄然而至。当天下午，杜富国带领战士艾岩在雷场搜排时，发现一个危险性高的手榴弹，下方还疑似存在雷窝。跟往常一样，杜富国又是第一个站出来。他对身边的战友艾岩说：“你退后，让我来，离我远点!”自己则小心翼翼地朝着那枚极其危险的手榴弹匍匐而去。当他用双手扒开浮土查雷的时候，爆炸突然发生。

而就在爆炸的一瞬间，杜国富下意识地倒向战友艾岩所在的方向，用自己的身体保护战友的安全，而自己则被炸成了一个血人。在医院的重症监护室里醒来后，杜富国首先关注的不是自己的身体状况，而是战友的情况。当得知战友艾岩只是受了点轻微的皮外伤后，杜富国面露微笑，长长地松了一口气。

负伤后的杜富国，从未自怨自艾，始终以坚韧乐观的态度去直面困难。他虽然失去了双眼双手，不能给自己亲爱的母亲一个温暖的拥抱，不能看到妻子美丽的面庞，但是他绝不会放弃，他还是那个顶天立地的钢铁战士。杜富国曾说：“我虽然失去了双手，但我还有双腿，可以继续为梦想奔跑。”

忍受着巨大的疼痛，杜富国从走路、吃饭、穿衣这些基本的生活技能开始，积极投入康复训练中，跨过了一个又一个常人难以想象的难关。手术后一个半月，杜富国就在病床上尝试支起双肘做平板支撑；3个月后，他就尝试着在跑步机上练习跑步，并坚持着从几米到后来的13分钟跑完3公里。

积极训练的同时，杜国富也重新规划起了自己的人生。不能再参加扫雷部队，他便用自己的声音为大家带来阳光和正能量。“听众朋友们晚上好，这里是南陆之声，晚上8点，陪伴每一个身穿迷彩的你，我是主播杜富国……”作为军队广播节目“南陆之声”的播音员，排雷英雄杜富国在新的岗位上用声音传递力量，用他温暖的声音、亲切的问候，讲述排雷的故事，为听众注入精神的力量。

杜富国的英勇事迹被各大媒体争相报道，他先后被中央军委授予“排雷英雄战士”荣誉称号，被陆军表彰为“四有”新时代革命军人标兵，被评为“感动中国2018年度人物”“全国自强模范”，被授予“时代楷模”称号等。

2022年7月27日，杜富国被授予“八一勋章”。他在爱人的搀扶下走向领奖台，举起没有手的手臂敬礼的那一刻，他获得了全国人民的尊敬！国家也用代表军人最高荣誉的“八一勋章”，再一次对他高尚的品德做出褒奖与肯定。

力行

我们处在前所未有的变革时代，干着前无古人的伟大事业，如果知识不够、眼界不宽、能力不强，就会耽误事。年轻干部精力充沛、思维活跃、接受能力强，正处在长本事、长才干的大好时期，一定要珍惜光阴、不负韶华，如饥似渴学习，一刻不停提高。

——习近平在中央党校（国家行政学院）中青年干部培训班开班仪式上的讲话（2021年9月1日）

原典

学不博者不能守约，志不笃者不能力行。

——《二程粹言·论学》

释义

学问不通达、见识不广博，就会缺乏明确志向的确立；志向不树立、价值观不明确，就会缺乏真正有力度的执行。只有博学笃志，才能身体力行地实施。

解读

学以致用，只有学得深刻，悟得透彻，做事情才有底气。只有将理论运用到实践当中，才能检验学习的成效和成果，从而推动自己各项工作的开展。理论学习是基础，知行合一是关键，青年人要将学习成效转化为工作动力和成效，防止出现学习、工作“两张皮”的情况，要用实际行动践行社会主义核心价值观。

案例

王继才：守岛护国的践行者

开山岛，位于江苏省连云港燕尾港12海里的黄海海面上，面积仅有13000平方米，相当于两个足球场大小。岛虽然很小，但却是我国的黄海前哨。岛上的条件艰苦，只有几排空荡荡的营房，还有满山的海草和呼啸的海风。1985年部队撤防后，当地的人武部先后派出多名民兵守岛都未能坚持，最长的待了13天，最短的才3天。

1986年7月，经过群众推荐，组织考察后，人武部政委找到王继才，让他成为第五任开山岛“岛主”。面对组织的要求，王继才毫不犹豫地接受了任务。上岛前，家里人都不同意。开山岛，那么远，海上孤零零的一个小岛，坐船要一个多小时，荒岛上什么都没有，海上还常常刮台风，船只根本靠不上岸，有时候生活物资都不能及时运上岛，没水没电还经常缺衣少食，条件这么艰苦，做什么都比当这个“岛主”强。

王继才瞒着家人上了岛，之后放心不下丈夫的妻子王仕花辞去工作，跟着丈夫并肩值守。两人的工资并不高，王继才夫妻每年工资3500元。1995年修建了灯塔后，增加了2000元守护费。这些费用，想要赡养老人，抚育子女是根本不够的。王继才家里常年处于欠债状态。远在上海浦东的大姐给他找了跑运输的工作，一年可以赚几万块钱，可是王继才不去：“我走了，谁来守着开山岛?”气得大姐从此不再管他。

夫妻两个人克服了常人难以想象的困难，坚守开山岛三十多年。每天早上的第一件事，就是在岛上升起国旗，他说：“升起国旗，就是告诉全世界，这是中国的土地，谁也别想欺负咱。”夫妻两个人就像一支队伍，一起劳动，一起巡逻，观察海情，分辨船只，记录日志。没有水，他们就喝积攒的雨水；没有电，他们晚上点上蜡烛；没有粮食，他们就在岛上种菜、捕鱼。有时候台风一起，船只不能靠岸，渔民也不能捎来生活物资，夫妻俩还要饿肚子。开山岛是一块宝地，有想要走私的，有想要偷渡的，有打着旅游公司幌子想要做不法勾当的，面对着不法分子送上门的诱惑，王继才从来都是断然拒绝。诱惑和机遇都不能影响他守岛的心，他认为守岛就是守国，守岛就是守家，一年年过去，守岛变成了“终生的使命”。

2014年，王继才夫妇被评为全国“时代楷模”。2018年7月，王继才在执勤的时候突发疾病，倒在了开山岛的台阶上，经抢救无效去世，年仅58岁。32年守岛卫国，王继才用无怨无悔的坚守和付出，在平凡的岗位上书写了不平凡的人生华章。

王继才去世后，王仕花依然坚守小岛，每天坚持升国旗、巡岛。同时，王继才守岛卫国的事迹感动了无数人，连云港市灌云县人武部在全县范围征集守岛民兵的时候，报名者多达500余人，多数人舍小家，为国家，主动要求守岛。三年来，灌云县先后选派37名民兵守岛，多数都是年轻人，在他们心中，王继才一直与他们同行。驻岛补贴并不高，这些来自各行各业的年轻人却仍旧义无反顾上岛，耐得住寂寞，守得住清贫，沿着王继才的足迹，探寻守岛卫国的真谛，用不懈努力给生命赋予意义。

非凡源自平凡，只有坚守平凡才能成就非凡。32年里，王继才夫妇用实际行动点燃了信念这一盏灯，照亮了与祖国同呼吸、共命运、同发展的路。

第二章

铸塑价值——立学 >>>

导语

国有四维，礼义廉耻，“四维不张，国乃灭亡”。这是中国先人对当时核心价值观的认识。在当代中国，我们提出要倡导富强、民主、文明、和谐，倡导自由、平等、公正、法治，倡导爱国、敬业、诚信、友善，积极培育和践行社会主义核心价值观。

面对处在价值观形成和确立时期的青年学生，编者围绕爱国忠诚、诚实守信、勤学笃实、求真明辨、爱岗敬业、守正出新、淡泊名利、公正法治、富强民主和和平共赢10个主题整理了习近平总书记的相关语录和用典，并配以拓展案例，引导青年学生铸塑以“爱国、敬业、诚信、友善”为核心的价值之魂，以正确的世界观、人生观和价值观引领后续的学习、工作和生活。

爱国忠诚

要时时想到国家，处处想到人民，做到“利于国者爱之，害于国者恶之”。爱国，不能停留在口号上，而是要把自己的理想同祖国的前途、把自己的人生同民族的命运紧密联系在一起，扎根人民，奉献国家。

——习近平在北京大学师生座谈会上的讲话（2018年5月2日）

原典

昔者三代之兴也，利于国者爱之，害于国者恶之，故明所爱而贤良众，明所恶而邪僻灭，是以天下治平，百姓和集。

——《晏子春秋·内篇·谏上》

释义

从前夏、商、周三代之所以兴盛，是因为喜爱、欢迎那些有利于国家的人，厌恶、远离那些对国家有害的人，所以明确利于国者是被喜爱的，贤良的人就增多了，明确害于国者是被厌恶的，奸邪的人就灭迹了，于是天下大治、政治清平，百姓和睦团结。

解读

爱国是一个公民应有的道德，也是中华民族的优良传统。作为当代大学生，到底应该拿出什么样的行动来表达真正爱国的心情，那就是做好大学生应该做的事，学好大学生应该学好的科学文化知识，努力提高建设强大祖国的能力和素质，把爱国之情、报国之志融入祖国改革发展的伟大事业之中。

案例

爱国之士于敏

青年人应该坚持梦想，努力奋斗，这是时代赋予我们的使命。时光流转，60年前，他放弃了自己的学术梦想，改变自己的人生方向投入到了另一个领域，他说："我不能有另外一种选择""我过去学的所有东西都可以抛掉""我愿为国家和民族的事业献出自己的一切"……最终他的选择改变了他的人生轨迹，更重要的是对中国的国防科技事业的巨大改变。这位科学家就是共和国勋章获得者——于敏。

1944年，于敏被北京大学工学院电机系录取为大一新生。大二的时候，由于特别热爱理论研究，于敏选择转入理学院物理系。1949年，于敏顺利晋升为一名硕士研究生，中科院近代物理研究所是他毕业后的工作单位。

1961年1月，35岁的于敏面临着重大的人生选择，到底是选择成为副组长领导还是参加氢弹理论的预先研究工作，他左右为难。于敏曾说："爱国主义压过兴趣，我不能有另一种选择。"因此他不顾个人的名誉与利益甚至前途，只是坚定地以国家利益为重，个人利益服从集体利益！于是于敏没有选择公派出国留学，他转换学术领域、隐姓埋名、抛家舍业，只为早日实现氢弹爆破。于敏扎根戈壁滩，他知道要实现这个梦想就必须选择沉淀下来，做好持久战的准备。工作之初条件很艰苦，只有白纸、计算尺、算盘，外国理论支持更无从谈起。于敏没白天没黑夜地计算与验证，持续探索研究空白的领域。由于工作原因他长期工作熬夜，吃饭不按时按量按点，导致他患上了严重的十二指肠溃疡，生病严重的时候能到休克的程度。然而当他每次病情稍有好转，没有那么疼痛的时候，他就立马进行工作而且不眠不休。这种自力更生、艰苦奋斗的精神一直支撑着于敏探索研究，终于，1967年6月17日，中国引爆了第一颗氢弹，从第一颗原子弹爆炸成功到氢弹爆炸成功，间隔只有两年零八个月，创下了世界之最。西方世界大受震撼，在中国这块贫瘠的土地上，居然也诞生了巨大的蘑菇云。于敏带领的氢弹研究团队给国家避免了上亿的损失，更在西方世界的强压下为中国的国防发展抢下了3年的时间。

尽管取得了阶段性的成就，于敏仍然继续向前进步，当他干着第一代，看着第二代的时候，他脑子里还在计划着第三代和第四代，他研究时所用的演算纸，能把整个西北戈壁滩盖住。1961年开始，研究氢弹作为国家安全机密，“于敏”的名字和他的工作处于绝密保护状态。无论在电话里还是工作中，“打上了一只松鼠”就能代替他，机密的程度连妻子也不能告知。1988年，于敏正式退休，从这以后关于他的一切才真正解密，他的名字及其对中国核科技发展的贡献终于公之于众。

于敏的一生中，仅有的两次公开亮相。一次是1999年9月18日，在中华人民共和国成立五十周年之际，于敏被授予“两弹一星”功勋奖章。还有一次是2015年1月9日，在2014年度国家科学技术奖励大会上，习近平总书记向于敏颁发国家最高科学技术奖奖励证书。于老的一生，做事惊天动地，做人隐姓埋名。为了国家的核事业发展，他几乎付出了一切。

诚实守信

巴基斯坦认为“诚信比财富更有用”，中国认为“人而无信，不知其可也”，两国传统文化理念契合相通。

——习近平在巴基斯坦议会的演讲（2015年4月21日）

原典

子曰：“人而无信，不知其可也。大车无輗[ní]，小车无軏[yuè]，其何以行之哉？”

——《论语·为政》

释义

孔子说：“人如果失去了信用或不讲信用，不知道他还可以做什么。就像大车没有车辕与轭相连接的木销子，小车没有车杠与横木相衔接的销钉，它靠什么行走呢？”

解读

诚信是中华民族的传统美德，大学生的诚信意识关乎良好的社会风尚和中华民族的未来。大学生应当以诚信为重，加强思想道德修养，忠诚于国家和民族的事业，做到言必信，行必果，不断提高思想道德素质，为实现中华民族伟大复兴终生奋斗。

案例

“钥匙医生”严正：重诺守信，以诚相待

诚信是立身之本，是成功人生道路上的必经之路。墨子曾说过：“言不信者，行不果。”古语有云：“得黄金百斤，不如得季布一诺。”在上海静安区彭浦镇社区卫生服务中心，严正医生凭借诚信守护着医患关系，也守护着58户百姓的安危。

严正是上海静安区彭浦镇社区卫生服务中心全科团队长、上海首批家庭医生。不管刮风下雨，在大街小巷，每天都能看到严医生骑着电动车来回穿梭的身影。日常就诊他需要提着医疗装备包，因为东西较多他的装备包特别重，即使这样他依旧挨家挨户细心治病听诊。他用心照顾辖区内的老人，对于独居老人他还会为他们换衣擦身。针对辖区内行动不便的老人他许诺为病人上门看病，这是一位医生对病患的郑重承诺。

严正毕业于上海中医药大学，那是27年前，他毕业时有进入综合

医院工作的良好机会，可是他放弃了，最后成为原闸北区万荣地段医院（现静安区彭浦镇社区卫生服务中心）首位提供家床服务的医生。1999年，郁老先生给了他第一把钥匙。当年郁老先生的老伴儿突发脑梗，行动不便因此生活不能自理，针对老人的情况，严正为她定制了一套综合治疗方案，他亲自上门给郁老太太针灸、推拿，每周3次。经过一段时间的治疗，老太太病情有所好转，不幸的是郁老先生突然查出肺癌，为了这个病他必须定期去医院接受化疗治疗。于是照顾妻子便成了一个难题，郁老先生左思右想把家门钥匙交给了严正，这样方便他直接上门出诊。老先生对严正说："严医生，我们信得过你！"一把小小的钥匙，寄托的是老人沉甸甸的信任。

在收到第一把钥匙之后，老人们逐渐把家里的钥匙都交给了严医生。给严医生的钥匙日渐增多，"钥匙医生"就慢慢成了严医生的美称，这意味着越来越多的患者和家属对严医生的信任。有的患者及家属甚至把全套钥匙都给了严医生。在严正看来，给他的不只是门钥匙，而是千万个普通家庭对他的信任和托付。

严正的脚步遍及彭浦镇的每一个小区，病人需要他就很快出现。半夜有老人病重，他会来到床前安慰老人，握着老人的手，轻言细语给老人舒缓焦虑；有时候赶上极端天气，哪怕狂风暴雨，他也信守承诺，坚持为社区居民看诊治疗；他对自己和家人从来不舍得多花一分钱，但是小区贫困居民买不起药，他总是毫不犹豫自掏腰包。他对自己说："无论刮风下雨都必须干下去！"严正知道："信任是人跟人交往慢慢积累起来的，重诺守信，以诚相待，别人也会真心待你。"

截至2021年，严正累计门诊服务13万余人次，上门服务5万余人次，平均每天上门服务超过5人次。他从业27年来，日夜奔走，不顾风雨，自行车、电动车就骑坏了8辆，不到8平方公里的社区，他却来回奔波走出了几乎8个长征，小区老人们也为此感到踏实安心。他笑称：“有种浪漫叫陪你慢慢变老，这个人，可能是家庭医生。”

严正医生用自己的行动践行医学誓言，家庭医生的初心他牢记在心从不忘记，每一份承诺他都坚持守候。

勤学笃实

“人才有高下，知物由学。”梦想从学习开始，事业靠本领成就。广大青年要自觉加强学习，不断增强本领。广大青年要如饥似渴、孜孜不倦学习，既多读有字之书，也多读无字之书，注重学习人生经验和社会知识。

——习近平在知识分子、劳动模范、青年代表座谈会上的讲话（2016年4月26日）

原典

人才有高下，知物由学。学之乃知，不问不识。

——东汉·王充《论衡·实知》

释义

人的才能有高下区别，但认识世界都得靠学习。只有通过学习才能获得知识，对于不知道的东西，不去请教就不会知道。

解读

新时代的大学生，应努力学习，脚踏实地，“青春由磨砺而出彩，人生因奋斗而升华。”奋斗是青春永恒的底色！历史的责任赋予青年，时代的光荣也属于青年，没有一代人的青春是容易的，但是每一代人的青春都是大有可为的，少年勤学，青年担纲，中国青年，国之栋梁。

案例

医科馆“打卡王”：孔怡德

立身做人从来离不开学习，学习也是报国为民的重要基础。复旦大学医学院图书馆在开馆纪念日公布：“打卡王”孔同学被称为“卷王”，因为她在医科馆一年内进入图书馆1424次。

于是“卷王”成为孔同学的新昵称，对于这个新昵称孔同学很喜欢。复旦大学历来是学霸聚集的地方，这里充满了竞争和比较，同学之间也经常开玩笑互称“你又卷了”。但孔同学一年打卡1424次背后，却不仅仅是“卷”这么简单。

孔同学全名孔怡德，是复旦大学2017级临床医学五年制学生。中学时学习物理现象“小孔成像”，同学们据此给她取外号“小孔丞相”。谈起大家对她的印象，大学室友一致认为：见不到人。本科五年学习期间，孔同学只要一有空就去图书馆。早晨室友还在睡梦中，她就已经进入图书馆学习了；晚上大家都已洗漱完毕准备睡觉了，她这才从图书馆回来休息。在复旦大学学习期间，她的行动轨迹，可以说是以医学院图书馆为圆心，辐射至各教学楼、食堂和宿舍。孔怡德几乎每天早上都六点半起床，然后去往图书馆，学习到深夜十二点，除了上课、吃饭的必要时间，其他时间她都在图书馆里学习。

大学到底应该如何度过呢？有的人说只要考试及格就行，最后拿到学分顺利毕业就可以了，上大学学习不是重点。也有人说，大学就应该谈一场轰轰烈烈的、刻骨铭心的恋爱，这样才是青春该有的样子。还有人说，大学必须体验一下挂科，因为有过挂科的经历才算是体验了完整的大学。

孔怡德说："我的心里有一个目标，它不是一两天就能达成的。要实现它，我没有时间去思考关于'自由'的问题。"针对有人称她为"内卷之王"，孔怡德觉得："他们说我'卷'，我也欣然接受。但我觉得'卷'可能只是一个小目标，单纯为了拿第一而拿第一；而为了一个长远的目标而奋斗，可以超越'卷'这一层。"

学习只是为了学分绩点，这是不对的想法，一味地刷学分不是学习的目的。很多人懒惰、不认真学习却以内卷为借口。大学生有目标、有行动的努力学习不是内卷，而是在这个充满竞争的时代，勤奋、努力、上进才能让我们躲过内卷的恶性循环。我们也不应该因为现在社会竞争激烈而选择拒绝挑战、选择躺平，"躺平"观念在年轻人中开始流行的现象，反映了现在有部分年轻人已经失去了前进的方向，失去了闯荡的勇气。他们不愿意参与社会竞争，反而抱怨他人的付出，这样的表现让他们失去了实现人生价值的机会。

相信有一天“打卡王”孔同学、最爱泡图书馆的陈同学、风雨无阻爱学习的潘同学、早鸟李同学……这些年轻人的奋斗故事会向世人证明“人生没有白走的路，每一步都算数”。

求真明辨

“学而不思则罔，思而不学则殆。”是非明，方向清，路子正，人们付出的辛劳才能结出果实。面对世界的深刻复杂变化，面对信息时代各种思潮的相互激荡，面对纷繁多变、鱼龙混杂、泥沙俱下的社会现象，面对学业、情感、职业选择等多方面的考量，一时有些疑惑、彷徨、失落，是正常的人生经历。关键是要学会思考、善于分析、正确抉择，做到稳重自持、从容自信、坚定自励。要树立正确的世界观、人生观、价值观，掌握了这把总钥匙，再来看看社会万象、人生历程，一切是非、正误、主次，一切真假、善恶、美丑，自然就洞若观火、清澈明了，自然就能作出正确判断、作出正确选择。

——习近平在北京大学师生座谈会上的讲话

（2014年5月4日）

原典

学而不思则罔，思而不学则殆。

——《论语·为政》

释义

只是学习却不思考就会望文生义，迷惑而无所得，只是思考却不学习就会精神疲倦而无所得。

解读

我们生活在一个新媒体时代，每天可以看到观点多元、种类丰富的各种信息，丰富的信息有其精华也有糟粕，同学们不要盲目地不加选择和判断地相信自己的眼睛。大家在接触一个事物、接收一种信息、看到一个现象的时候，要保持清醒的头脑，多看多想、大胆假设、详细询问、仔细探究、小心求证，才能透过现象看本质，这样才是正确的。学生中出现的网络诈骗，就是缺少求真、思辨、明辨的过程。《礼记·中庸》中记载“博学之，审问之，慎思之，明辨之，笃行之”。意思就是“要广博地学习，要对学问详细地询问，要慎重地思考，要明白地辨别，要切实地力行”。

案例

“人民英雄”陈薇：除了胜利，别无选择

陈薇，浙江兰溪人，专业技术少将军衔，现任军事科学院军事医学研究院某所所长、研究员，中国工程院院士、中国科协副主席，获“中国十大杰出青年”、中国科协“求是”奖、中国青年女科学家奖；入选国家百千万人才工程、“万人计划”领军人才；担任中华预防医学会生物安全与防护装备分会主任委员；第十二届全国人大代表、第十三届全国政协委员；2020年8月11日被授予“人民英雄”国家荣誉称号。

2020年1月26日，武汉关闭离汉通道的第四天，陈薇率领军事医学专家组紧急奔赴武汉，围绕病原传播变异、快速检测技术、疫苗抗体研制等课题，迅速开展应急科研攻关，与军地有关单位建立起联防、联控、联治、联研工作机制。

“疫情就是军情，现场就是战场。”在武汉抗疫的113天里，陈薇带领团队用一项项关键成果，为最终胜利加上了一个个决战决胜的砝码。在陈薇的指挥下，短短24小时，一座负压帐篷式移动实验室，在中部战区总医院药剂楼旁迅速被搭建起来。在这个实验室里，核酸检测时间大大缩短，迅速形成日检1000人份的核酸检测能力；为加快推进科研与临床有效融合，陈薇率领科研人员在病原学、免疫学、空气动力学等领域展开研究，快速建立病毒鉴定链条，精准诊断临床患者感染类型，率先在火神山医院等3家医院推广应用，有效提高了临床诊断准确率。

疫苗是抗击疫情最有力的武器。其中，陈薇团队研发的“重组新冠

疫苗（腺病毒载体）”是首个获批正式进入临床试验的疫苗，对全国上下民心士气的稳定发挥了重要作用。尽管腺病毒载体已是成熟的技术平台，尽管疫苗已通过了动物试验，但在当时条件下，刚研制出来的新冠疫苗依然充满未知。

“我先试打，如果没事你们再打。”陈薇面色如常，语气如常。一辆救护车停在楼下，静静待命；一面鲜红的党旗，静静挂在注射室的墙上。时间一分一秒流逝。接种半小时后，陈薇未出现不良反应，团队其他成员也开始接种疫苗。历史会记住这个属于中国军人冲锋与胜利的时刻。2020年3月16日，陈薇领衔科研团队研制的新冠疫苗，获批正式进入临床试验；4月12日，疫苗开展Ⅱ期临床试验；8月11日，该型疫苗获得国家发明专利，成为国内首个进入临床获得专利权的新冠疫苗；2021年2月25日，该型疫苗获国家药监局批准附条件上市。“专利是我们的、原创是我们的，所以我们在任何场合都不用看任何人的脸色！”在武汉短短3个多月，陈薇添了不少白发，但她的神情和话语，依旧坚定。

自从中国疫苗上市以来，外界对其的争议便从未停息，西方世界的冷眼导致各国对中国疫苗缺乏正确的判断。尤其是在中国疫苗惠及多国之后，西方媒体再次就此进行抹黑。据路透社报道，中国黑客正在寻找印度疫苗制造系统的漏洞，以便窃取印方关于新冠疫苗的知识产权。荷兰媒体也谎称欧洲药物管理局已经“被中国间谍锁定”。美国政客也试图搅局，指责中国利用网络间谍活动窃取其他国家的新冠疫苗成果。

对于这些刻意歪曲事实的言论，中国工程院院士陈薇进行了回应。陈薇表示，近年来，通过团队多年来的自力更生，我们已经成功研发出我国第一个战略储备重组疫苗和全球首个新基因型埃博拉疫苗，实现了中国创新疫苗从“走出去”到“走进去”，并获得了中国、美国等多个国家发明专利授权，在病毒载体疫苗和重组亚单位疫苗两条技术路线上形成了核心竞争优势，成果来之不易。陈薇强调，“历史和实践告诉我们，只有把关键核心技术掌握在自己手中，才能从根本上保障经济社会发展、国家长治久安和人民生命健康。”

谣言不攻自破，中国疫苗好评不断。多国发现的变异病毒加重了疾病防控的困难。新冠疫苗一时间成了必需品。由于一些国家大搞“疫苗民族主义”，导致疫苗分配体系漏洞百出。美、英疫苗成为奢侈品。此时，中国为世界带来了希望。中方已向包括阿联酋、智利在内的28国出售疫苗，并已对69国提供了疫苗援助。土耳其、印度尼西亚等国元首更是带头接种中国疫苗，足以见得世界对中国疫苗的认可。

智利总统皮涅拉感谢中国疫苗为本国带来了希望。秘鲁总统萨加斯蒂也对中国疫苗信心十足。中国的自主研发能力得到肯定，从他国疫苗的翻车现象频发，中国疫苗的稳定输出可以看出，西方的抹黑在事实面前不堪一击。

入伍以来，陈薇的研究对象都是些常人避之不及的疫病。正是因为有着长期与病毒“打交道”的经验，她与科研团队能够在此次新冠肺炎疫情期间尽快研制出疫苗并付诸临床试验。“作为一名军事医学科研人员，我特别希望我们这艘科研‘战舰’能够乘风破浪、行稳致远。”陈薇说：“我和团队将继续努力，不负使命。”

爱岗敬业

大力弘扬劳模精神、劳动精神、工匠精神。"不惰者，众善之师也。"在长期实践中，我们培育形成了爱岗敬业、争创一流、艰苦奋斗、勇于创新、淡泊名利、甘于奉献的劳模精神，崇尚劳动、热爱劳动、辛勤劳动、诚实劳动的劳动精神，执着专注、精益求精、一丝不苟、追求卓越的工匠精神。劳模精神、劳动精神、工匠精神是以爱国主义为核心的民族精神和以改革创新为核心的时代精神的生动体现，是鼓舞全党全国各族人民风雨无阻、勇敢前进的强大精神动力。

——习近平在全国劳动模范和先进工作者表彰大会上的讲话

（2020年11月24日）

原典

坚志者，功名之主也；不惰者，众善之师也。

——《抱朴子·广譬》

释义

意志坚定，是建功立业的主导；不懒惰，是一切善行的老师。

解读

爱岗敬业是人类社会最为普遍的奉献精神，它看似平凡，实则伟大。工作岗位是一个人赖以生存和发展的基础保障，而每一个工作岗位之所以存在也是基于社会发展的需要。因此，爱岗敬业不仅是个人生存和发展的内在需求，也是社会存在和发展的外在动力。作为大学生，应从学好专业知识做起，加强社会实践，培养动手能力，树立全心全意为工作单位和社会服务的职业道德。走入工作岗位后，要兢兢业业，任劳任怨，充分调动自己的聪明才智，更要在学识和业务上与时俱进。

案例

人民英雄张定宇

2019年12月，湖北武汉爆发新冠疫情，面对突如其来的不明原因、传播性极强的疫情，冲在抗疫前线的是救死扶伤的医护人员，他们与死神赛跑，武汉市金银潭医院院长张定宇就是其中的一员。

张定宇是武汉本地人，他1986年参加工作，长期在临床一线进行救治工作。他是湖北省第一名无国界医生，在本次新冠肺炎疫情爆发前，他已经参加过多次医疗救助活动。通过SARS、埃博拉、H7N9等多次救助活动，张定宇积累了大量疫情防控经验。2019年12月29日，首批不明原因肺炎患者转入金银潭医院，武汉市金银潭医院成为“离炮火最近的战场”，大量重症及危重症患者的救治工作由他们承担。

根据张定宇回忆，“这个病毒和我们以前见到的都不一样，这是我一生中遇到的最大挑战。”金银潭医院是武汉唯一一所传染病专科医院，张定宇责无旁贷地直面这次不明原因肺炎疫情的挑战。2020年年初，不明原因肺炎患者一批批地从其他医院转诊至金银潭医院，病房从一个楼扩展到两个楼甚至三个楼。为了全力救治更多病人，需要及时决策腾出更多病房，张定宇决定将其他病房的病人全部清理出来，用于只接收新冠肺炎病人。这个措施实施之后，金银潭医院保洁员、安保人员、医护人员、防护装备接连告急。与此同时，早期收治的病人病死率极高，即使采用了多种救治手段，病患还是一个个去世。最开始那一个多月，张定宇早上6点钟起床忙到次日凌晨1点左右睡觉，几乎成为一种常态。其中多次凌晨2点刚躺下，4点又被手机叫醒联合会诊、抢救。张定宇有三重身份，他是一名共产党员，是医院院长也是医生。他说：“无论哪个身份，在这非常时期、危急时刻，都没理由退半步，必须坚决顶上去!”

从1月初到1月末，张定宇带领着全院干部职工在一线坚持了近一个月，最后终于迎来了全国各地医疗人员和物资支援武汉。医护人员不够，医生们主动增加排班频次；保洁员不足，后勤的补上；保安不够，行政的顶替……张定宇作为医院院长，他冲在前、干在前，调整人员、全局调动，哪里有困难哪里就有他。在医院走廊上，他的嗓门越来越大，脚步却越来越跛。同事们对此感到很奇怪，问他什么原因，他才说出自己身患渐冻症的事实。他给自己准备了一根登山杖，只要身体扛不住时，登山杖就用来支撑他继续行走。他与时间赛跑，与死神搏斗，不幸的是他的双腿也在不断萎缩。面对恶化的病情他淡然地说："既然时间必然要流逝，那就让它更有意义。"2020年1月14日，他的妻子突然低烧，随后确诊新冠，因为工作时间紧张，他没有第一时间去看妻子，三天后张定宇才在ICU里见到了妻子，他看望妻子的时间却只有半个小时。在抗疫期间，他不顾自己身患渐冻症，带领全院600多名白衣卫士冲锋在最前线，八百多张病床累计救治了2800余名患者。

2020年8月11日，张定宇被授予"人民英雄"国家荣誉称号；8月19日，荣获第十二届"中国医师奖"；9月17日，被评为"敬业奉献好人"。

2021年2月17日，张定宇被评为"感动中国2020年度人物"；11月，被授予第八届全国道德模范称号；12月2日，被湖北省文明委授予第八届湖北省道德模范称号（敬业奉献模范）。

守正出新

希望广大院士做追求真理、勇攀高峰的表率。科学以探究真理、发现新知为使命。一切真正原创的知识，都需要冲破现有的知识体系。“善学者尽其理，善行者究其难。”广大院士要勇攀科学高峰，敢为人先，追求卓越，努力探索科学前沿，发现和解决新的科学问题，提出新的概念、理论、方法，开辟新的领域和方向，形成新的前沿学派。要攻坚克难、集智攻关，瞄准“卡脖子”的关键核心技术难题，带领团队作出重大突破。

——习近平在中国科学院第二十次院士大会、中国工程院第十五次院士大会、中国科协第十次全国代表大会上的讲话（2021年5月28日）

原典

君子之学如蜕，幡然迁之。故其行效，其立效，其坐效，其置颜色、出辞气效。无留善，无宿问。善学者尽其理，善行者究其难。

——《荀子·大略》

释义

君子学习了知识，犹如蝉蜕皮一样，能够迅速而彻底地发生变化。所以，无论行立坐卧，君子都在学习，甚至是转换脸色、改变语气都要学习。只要是有用的知识都不放过，更不让疑难问题过夜。善于学习的人能透彻地认识事物的道理；善于行动的人能把事物中的疑难探究清楚。

解读

守正出新是中华五千年文明的优秀精华之一。守正，就是坚持正确的原则和方向，坚持事物的本质和规律，出新即不断创造新生事物、新的经验、新的成果、以创新引领发展。习近平总书记多次强调中华民族是有守正创新传统的民族，作为年轻人要立足我国国情、放眼世界、增强创新意识、培养创新思维，不断给党和人民的事业注入生机活力。

案例

茹振钢：勇于创新为粮安

粮食关系民生，粮食安全是国家安全的重要基础。一颗粮食能让一个国家存在，也能让一个国家面临困难。袁隆平的“禾下乘凉梦”用他的一生在实践，而小麦育种专家茹振钢的愿望则是希望小麦长得赛玉米，穗子长得像谷子。茹振钢就仿佛是麦田里的指挥家，随着他的指挥棒小麦在变化、在生长，在沃野千里的麦田中大展手脚、不断生长。

茹振钢教授说："种子是农业的核心科技，未来粮食增产的潜力关键在种子技术。"小麦的话语权必须由中国人牢牢掌握住，藏粮于技，为了祖国的未来储备粮食技术。茹振钢教授及其团队创我国先例，他们秉承着创新思维在小麦育种研究中率先使用了"地下根系走廊"技术。创新小麦抗倒伏强度数字化测定与评价方法，首次设计建造小麦数字化实验风洞和小麦抗倒伏强度测定仪，这个技术的研发大大提高了国内对小麦抗倒伏研究水平，为高产品种培育提供技术支撑；提出超高产小麦产量结构三要素的均数平衡理论，分因素适应性仿真鉴定，实现在时空定位水平上的新品种创育与贮备；提出根系酸碱适应性理论，创建小麦酸碱适应性鉴定和选择方法。36年来，茹振钢相继培育并推广了"百农62""百农64""百农160"和"矮抗58"等多个品种，小麦改良品种高产稳产装满了百姓的粮仓，国家的粮食安全也得到了切实的保障。

黄淮麦区的"矮抗58"品种历时十余年生产应用，具有遗传基础丰富、综合性状优良的特点，这样也真正做到了受农民欢迎、使企业放心、让政府满意。截至目前，"矮抗58"是全国种植面积最大的小麦品种，累计推广种植面积超过2.3亿亩，实现增产小麦超过90亿公斤，实现增产效益接近200亿元，茹振钢教授也因此获得了国家科技进步一等奖。除此之外，在"矮抗58"的基础上，超过80家单位将其作为亲本重点利用，育成国审品种8个，省审品种16个，我国国产小麦的遗传改良工作得到了极大推动，小麦育种的发展方向也越来越清晰。

茹振钢团队构建了学科—团队—基地—公司—农户的创新推广体系，可以让科技成果更好地服务大众，农民用得起优质小麦种子，同时也确保种子市场不被假冒伪劣种子干扰。创新实施省内外同步推广战略，传统模式下固有的一省一地试推扩展的思路也被打破，与原有模式相比，推广速度提高了8～10倍。

科技创新改善民生，科技创新驱动发展，科技创新引领未来。小麦种业绿色发展靠科技创新引领，茹振钢和他的科研团队坚持创新发展，在小麦育种核心技术研发方面不断突破。小麦新品种的不断繁育和推广使得黄淮麦区的小麦产量不断提高，有力保障了我国的粮食安全、产业安全、舌尖安全。看到田间都是沉甸甸的麦穗，农民因丰收的喜悦而笑容满面。

淡泊名利

科学成就离不开精神支撑。科学家精神是科技工作者在长期科学实践中积累的宝贵精神财富。新中国成立以来，广大科技工作者在祖国大地上树立起一座座科技创新的丰碑，也铸就了独特的精神气质。

——习近平在科学家座谈会上的讲话（2020年9月11日）

原典

奖掖后进，则有誉无否也。

——清·江藩《汉学师承记-程晋芳》

释义

推许扶持后进之辈，就是有赞誉没有否定。

解读

陶渊明辞去官职，居住在一个宁静的村庄，因此有了“采菊东篱下，悠然见南山”的独立人格；周敦颐拒绝官场腐败，才有了“出淤泥而不染”的洁身自好；王冕淡泊名利，留下了“不要人夸好颜色，只留清气满乾坤”的佳话；居里夫人把英国皇家协会颁发给她的金质奖章给女儿当玩具，只为“想让孩子从小就知道，荣誉就像玩具，只能玩玩而已，决不能看得太重，否则将一事无成”。他们都学会了拒绝名利与金钱的诱惑，因此，我们要以他们为榜样，积极调整心态，正确面对名利，明白“功名乃瓦上之霜，利禄如花尖之露”的道理，方能做到笑看云卷云舒，静观花开花落。

案例

默默无闻张富清

战斗英雄张富清老人退休了，他退休生活的第一天早餐只吃了一碗简单的清水面。老人的厨房很简洁，这间三十多年的老屋子在蒸腾的白色水汽的衬托下显出家的温情。张富清老人的生命底色就是甘于简单清贫，食物只要简单的面条、馒头、白开水，搪瓷缸补了又补，他就喜欢这简单的生活。

2018年国务院机构改革方案提出组建退役军人事务部，随后各地的退役军人事务局也相继成立，湖北来凤县退役军人事务局采集退役军人信息时，大家看到这些：军功章、立功证书、彭德怀元帅直接签发给个人的报功书，这是一位退役老兵的红布包，里面的东西震惊了现场所有人，原来这些就是“战斗英雄”张富清老人的赫赫战功。

“荣誉的桂冠，都是用荆棘编织而成”。解放战争时期，张富清荣立西北野战军特等功一次、军一等功一次、师一等功一次、师二等功一次、团一等功一次，并被授予“军战斗英雄”称号和“师战斗英雄”称号。张富清老人有如此战功，多年以来的生活作风却一直保持低调。人们都对他这种做法感到疑惑，张富清老人对大家的看法感到不理解。老人认为，曾经跟他一起并肩作战的战友，有的战死沙场，有的重病离世，所有的荣耀都应该有他们的功劳，可是他们却享受不到了，所以在他看来这些立功证件没有什么值得炫耀的。事实上，在残酷的战场上，张富清当先锋、打头阵，枪林弹雨冲锋在前，他英勇无畏，冲锋陷阵，为保卫祖国而战斗。在荣誉面前，张富清老人显得云淡风轻，可能这一切都是因为老人经历过鲜血与烈火的生死考验。

张富清离家征战多年后终于在1955年从部队转业了，按照政策他本可以选择回原籍陕西汉中工作，可是张富清却决定去艰难困苦的地区来凤县为党工作、为人民服务。当时湖北恩施地区缺乏人去建设，张富清的到来给该地区带来了希望。张富清爱岗敬业，在每一个岗位上，他都脚踏实地、竭尽所能地努力工作。他先后任城关粮油所主任，三胡区副区长、区长，建行来凤支行副行长等职务。张富清把他部队转业后的余生都奉献给了来凤县的贫穷山区。

虽然有赫赫战功，但是转业以来，张富清却从不向他人提及自己的战斗成果，他把证书锁在皮箱里，连自己的儿女都没提过。如果不是统一进行退役军人的信息采集，这些可能永远都不会被世人所知道。他看淡功名，清廉自守。1985年，61岁的张富清从来凤县建行正式离休，在建行家属区的一栋20世纪80年代的房改房里，张富清和老伴仍旧住在那里过着朴素简单的生活。

诸葛亮在《诫子书》中说“非淡泊无以明志，非宁静无以致远”。老英雄张富清始终铭记于心，他一生淡泊名利，甘于奉献，以为人民谋福祉为目的而奋斗终生，值得我们学习。

公正法治

“不知耻者，无所不为。”没有道德滋养，法治文化就缺乏源头活水，法律实施就缺乏坚实社会基础。在推进依法治国过程中，必须大力弘扬社会主义核心价值观，弘扬中华传统美德，培育社会公德、职业道德、家庭美德、个人品德，提高全民族思想道德水平，为依法治国创造良好人文环境。

——习近平在十八届四中全会第二次全体会议上的讲话I

（2014年10月23日）

原典

不知耻者，无所不为。

——欧阳修《魏公卿上尊号表》

释义

不知羞耻的人，什么事都干得出来。

解读

说起公正法治，大家肯定都不陌生，我们生活在一个主张公平公正的国家，我们的生活处处渗透着“依法治国”方略。我们生活的校园有《校园安全法》，我们出门行车有《道路交通安全法》，我们逛街购物有《消费者权益保护法》，我们就业工作有《劳动法》……法律是一扇屏障，保障了我们的生活秩序；同时法律也是一把戒尺，限定了我们的行为准则。在依法治国为基本方略的国情下，我们当代大学生必须学习和掌握法律知识，增强法律意识，树立社会主义民主法治观念、自由平等观念、公平正义观念、权利义务观念等基本观念，养成自觉遵纪守法，严格依法办事的习惯。

案例

新中国的司法先驱谢觉哉

被誉为“人民司法制度的奠基者”的谢觉哉1884年出生于湖南宁乡，自青少年时期他就树立了正义公平的法律观念。家乡土豪劣绅们欺压百姓，滥用刑法，谢觉哉对这些行为深恶痛绝。有一年，本地乡绅组织了一次盗贼公审，他也参加了，只见一位年轻人面黄肌瘦、衣衫褴褛，那是“被告人”。据了解这名“被告人”在某豪绅地里偷挖红薯，被发现后豪绅提出要砍断年轻人的手，众人居然同意这个“罪刑不相符”的处理结果。然而小小年纪的谢觉哉气不过，他质问道：“偷东西固然不该，但贼心出于饥饿，他认错退赃，以后还要靠双手养家，为何要致他残疾呢！”此时的谢觉哉已经树立了追求公平正义的理想。

在晚清最后一次科举考试中，谢觉哉考中了秀才。然而当时的中国非常落后，年轻的谢觉哉认识到中国之所以落后的原因是“民智未开”。因此，谢觉哉选择留在家乡，教书育人，“开启民智”。随后“十月革命”和“五四运动”爆发，1925年他加入中国共产党。在一封家书中他写道：“我国在这十年内若不振兴，必至亡国，说不定至于灭种，万不能在这要生不生要死不死的路上停滞。革命前途未可知，我已以身许党。”

谢觉哉一生都在孜孜不倦地研究、应用和完善我国的法律制度，他爱国爱民、救国救民的信念一直非常坚定。

1933年，在瑞金，谢觉哉先后担任中华苏维埃共和国临时中央政府秘书长和内务部长等职，主持并参加起草中国红色政权最早的劳动法、土地法、婚姻条例等一系列法律法令。

1936年，中央委派谢觉哉负责陕北保安县的县、乡两级政府民主选举工作，中国农民第一次按自己的意愿亲手选举自己的领导人，他在此次选举中首次采用“投豆子选举法”和“香头烧纸选举法”。后来在苏区全面推广了此种方法，这也巩固和发展了革命根据地。

抗战时期，谢觉哉曾任中央西北办事处司法部部长，并兼任陕甘宁边区高等法院院长。他创办了中国革命司法史上第一个司法讲习班和司法研究会，要求判案要实事求是，严格执行司法程序，一大批人民司法干部从那里培养成长。他时常亲自批复案件，对原判中的一些错误进行纠正。谢觉哉反复查阅“王观娃死刑案”卷宗，一系列可疑点被他提出来。死者的事实和情况尚未查明，他无法在档案中看到，认为也无法轻易判处死刑，所以他批复“无从下批”。随后经裁判部重新调查事实真相，最终判处王观娃无罪。在案件审理中，谢觉哉在量刑中既坚持程序合法，又坚持实体正义，关注维护妇女的合法权益，提倡调解和审判相结合等做法。

谢觉哉创立了我国人民民主政权下的人民司法制度雏形，成为人民司法制度的奠基人之一。他建议将边区参议会改为人民代表会议，使人民代表大会成为人民行使权利的最高机关，使人民代表大会制度成为我国根本性的民主制度。

1946年，他提出了一系列重要的法律观点，坚定地指出：“中国要有自己的立法原则。实事求是，从实际出发，制定有中国特色的法律。”他认为，“合情合理，即是好法”。1946年中央法律问题研究委员会完成了中国第一部全新的革命宪法草案，即《陕甘宁边区宪法草案》，同时还起草了民法、刑法和土地法等，对中国人民和中国革命做出极大贡献。

1947年，谢觉哉担任中央法制委员会副主任并实际负责工作。转战陕北后他仍负责立法工作，并一再强调法源在人民，并对宪法、民法、刑法和诉讼法等提出一系列原则和主张，为新中国法治打下了良好基础。

中华人民共和国成立之初，谢觉哉兼任新中国第一所政法专业院校中国政法大学校长。

1959年，谢觉哉任最高人民法院院长。谢觉哉到任后，他认识到一个重要问题那就是办案质量不高，他对此问题非常关注。他认为如果想要把案子办得更准确、更细致、更踏实，做到不纵、不宽、不漏、不错，就必须恢复法院的正常审判制度。为了做到以上原则，谢觉哉时常亲自审阅案卷，同时深入全国各地法院，督查大案要案，亲自查看案卷，纠正了不少冤假错案。谢觉哉所做的这些努力，使法院的司法职能得到充分的发挥，犯罪分子得到了有力的打击，人民的正当权益得到了更好的保护。

富强民主

“国之称富者，在乎丰民。”中国经济得到长足发展，人民生活水平大幅提高，但我们深知，满足人民对美好生活的向往还要进行长期艰苦的努力。中国明确提出要推动人的全面发展、全体人民共同富裕取得更为明显的实质性进展，将为此在各方面进行努力。

——习近平在北京出席2022年世界经济论坛视频会议的演讲（2022年1月17日）

原典

国之称富者，在乎丰民，非独谓府库盈、仓廪实也。

——三国·钟会《刍荛论》

释义

国家真正的富裕，在于百姓的富裕，而不单指国库充盈、粮仓充实。

解读

国富民强，人民当家作主是中国共产党人的初心和使命，是我们党坚持全心全意为人民服务根本宗旨的重要体现，也是社会主义现代化国家经济建设的必然结果。历史已充分证明，富强民主不会自动到来，美好生活也不会从天而降，而是要在亿万人民的艰苦奋斗中实现。作为当代大学生一定要学好自己的专业知识、练好过硬的本领、培养吃苦耐劳和开拓创新的精神，才能为国家富强贡献力量。

案例

卫星之父孙家栋

孙家栋，中科院院士、探月工程总设计师、中国“两弹一星”功勋科学家，中国国家最高科技奖获得者。

孙家栋的一生都献给了中国航天事业。

1929年，辽宁省瓦房店市一个普通的教师家庭，一个小男孩出生了，他就是孙家栋。孙家栋的成绩从小学到高中都名列前茅。抗日战争结束后，孙家栋进入哈尔滨工业大学的预科班学习俄语。1950年，孙家栋参军，成为解放军空军第四航空学校的学员，从此他与航空结下了不解之缘。1951年，孙家栋被列入首批留苏空军学生名单，他被推荐到苏联茹科夫斯基空军工程学院继续学习。最开始的时候他还只是班级里的末位生，五年后，他以全优成绩成为最优生并顺利毕业，荣获了“斯大林奖章”。

1958年，孙家栋从苏联回国。他被要求参加导弹研发计划，尽管这与他的专业无关，可是孙家栋不仅没有埋怨，反而立即投入到导弹研发计划中。从这以后孙家栋全身心都扑在了导弹研制事业上，而且还参与设计了著名的东风系列导弹。

1967年，我国成立了中国空间站技术研究院，孙家栋有幸被钱学森任命为“中国第一颗人造地球卫星”的技术总负责人。上任后，孙家栋默默投身卫星事业，他带领的团队仅18名精英骨干。1970年4月24日，中国第一颗人造卫星“东方红一号”发射成功，成为世界上第五个自主研制和发射人造地球卫星的国家。从那时起，中国航天事业发展突飞猛进：1971年，中国第一颗科学实验卫星发射成功；1975年，第一颗返回式遥感卫星发射成功；1984年，第一颗同步实验通信卫星“东方红二号”发射成功；1986年，第二代卫星“东方红三号”“风云二号”发射成功。

孙家栋被业界公认为中国的“卫星之父”。1967年，孙家栋担任中国第一颗人造地球卫星总体设计负责人，随后他陆续担任了中国第一颗遥感探测卫星和第一颗返回式卫星的技术负责人和总设计师。他还是中国第二代应用卫星（如通信卫星、气象卫星、地球资源探测卫星、北斗导航卫星等）的工程总设计师。在中国自主研制发射的100个航天飞行器中，就有34个是由孙家栋担任技术负责人、总设计师或工程总师。

2004年，中国宣布启动探月工程，75岁高龄的孙家栋勇挑重担，继续发挥自己的余热，他毅然决然地担任总设计师。2007年，嫦娥一号卫星发射升空，开启了中国航天事业的新篇章。孙家栋作为中国人造卫星技术和深空探测技术的先驱之一，为中国在卫星基本技术、卫星返回技术、地球静止轨道卫星发射和定点技术、导航卫星组网技术和深空探测基本技术等方面的突破做出了重大贡献；为中国人造卫星总体技术、卫星航天工程管理技术和深空探测技术创建和发展做出了系统的、创造性的成就和贡献。

北斗卫星系统就是由孙家栋带头研发的，如今不仅为军事领域服务，而且为国家核心基础设施服务，从交通运输、公共安全、农林渔业、水文监测、天气预报、通信报时、救灾减灾等方面产生了显著的社会效益和经济效益。随着北斗高精度和人工智能、大数据、云计算、5G通信等新技术的结合，北斗应用从卫星导航定位延伸到了工业互联网、物联网、车联网等新兴应用领域……北斗卫星导航系统的建成，是中国航天事业的重大突破，也是国家强大的重要标志。孙家栋同志许下“牢记使命和责任，为强国之路保驾护航”的承诺，他是当代中国新时代的楷模。

和平共赢

中国始终将周边置于外交全局的首要位置，视促进周边和平、稳定、发展为己任。中国坚持与邻为善、以邻为伴，坚持奉行睦邻、安邻、富邻的周边外交政策，坚持践行亲诚惠容的周边外交理念，坚持共同、综合、合作、可持续的亚洲安全观，致力于构建更为紧密的中国—东盟命运共同体，推动建设亚洲命运共同体。

——习近平在新加坡国立大学演讲《深化合作伙伴关系 共建亚洲美好家园》（2015年11月7日）

原典

强不执弱，富不侮贫。

——战国墨翟《墨子·兼爱中》

释义

强大者不欺凌弱小者，富人不欺侮穷人。

解读

作为一个伟大的民族，中华民族历来爱好和平，和平、和睦、和谐的追求深深植根于中华民族的精神世界之中。中国人始终认为，世界好，中国才能好；中国好，世界才更好。习近平总书记多次在不同场合强调“和平发展、合作共赢才是人间正道”，郑重宣示了中国坚持走和平发展道路的决心与信心。

案例

中老铁路

2021年12月3日下午4时45分，随着中方领导人一声指令，中方C3次客运列车缓缓驶出昆明站，中老铁路正式通车！

老挝在中南半岛六个国家中非常特殊。老挝有着“陆锁国”之称，它被中国、越南、柬埔寨、泰国、缅甸所包围，对外交流受阻。老挝全境约为23.68万平方公里，面积相当于一个广西壮族自治区那么大。早在2020年，广西高铁运营里程数就超过了2000公里，相比之下，老挝境内的全部铁路里程仅为3.5公里。多年来，老挝的经济发展受到严重制约，究其原因都是其特殊的地理位置和落后的交通导致。中老建交60周年之际，这一历史被彻底改写。

历经11年艰苦建设，全长超过1000公里的中老铁路正式开通，全线新建50个车站，北起中国昆明，途经玉溪、普洱、西双版纳，经过中国磨憨铁路口岸和老挝磨丁铁路口岸，南至老挝万象。中老铁路建成通车后，昆明到万象可缩短至10个小时到达。中老铁路是首条采用中国标准、中老合作建设运营，并与中国铁路网直接连通的境外铁路。中老铁路的通车，开辟了中老铁路运输新纪元，它结束了我国云南普洱和西双版纳不通铁路的历史，改变了老挝对外交流受阻的现状，实现了老挝从“陆锁国”到“陆联国”的飞跃。

西方媒体对中资基建项目一直颇有微词，无一例外，对中老铁路这一项目散布出“债务陷阱”“大而无当”等说辞，但是事实证明中老铁路开通至今，国际社会的肯定一直占大多数。泰国《曼谷邮报》指出：在农业、畜牧业和采矿业领域，中老铁路能够吸引更多来自中国和其他国家的投资；通过中老铁路老挝的产品能进入中国，再进入欧洲市场。世界银行报告《从内陆到陆联：释放中老铁路联通潜力》提出，中老铁路通车后，从万象到昆明的货运成本将降低40%~50%，同时老挝国内线路成本将降低20%~40%。

老挝总理潘坎在接受媒体采访时也表示，老中铁路是老挝与4个邻国之间建设的首条铁路，它是一项重大国家建设成果，是老挝百姓心之所向。老中铁路将极大促进人员和贸易往来，给人民带来更多的便利和发展机会。潘坎还强调，所谓“老中铁路让老挝陷入债务陷阱”的言论完全是诽谤，老中铁路由老中两国联合投资，老中铁路有限公司作为债务承担者，铁路项目建设运营期间所产生的债务将使用其未来的收入偿还。

中老铁路推动的南北经济走廊与东西经济走廊结合会产生巨大的集聚效应，一通全通，正成为国际贸易和物流运输的绿色通道，为中老两国的发展注入源源不断的新活力。中老铁路承包商、中铁昆明局集团有限公司董事长王耕捷表示："我们建设的不仅仅是一条铁路，它还代表着'中国制造'的标准，是中老友谊的传承。"中老铁路释放了地区活力，给地区和国家发展带来更大的生命力。中老铁路不仅是老挝乃至东南亚国家的"富裕路""幸福路"，而且是"一带一路"的有效发展成果的体现。

第三章

铸就精神——立行 >>>

导语

习近平总书记指出："当高楼大厦在我国大地上遍地林立时，中华民族精神的大厦也应该巍然耸立"。新时代，开启新征程，大力加强社会主义精神文明建设，促进社会主义先进文化繁荣发展，使社会文明程度显著提高、人民精神力量不断加强显得尤为重要。

精神文明建设要反映社会制度下人们的精神面貌、社会风尚。这就要坚持马克思主义在意识形态领域的指导地位，以社会主义核心价值观引领文化建设，广泛开展中国特色社会主义和中国梦宣传教育，推动理想信念教育常态化、制度化，完善思想政治工作体系，增强全国各族人民的凝聚力和向心力，为现代化建设提供勇往直前、无坚不摧的精神力量，激发人们开拓进取的积极性、创造性。

抗疫精神

人无精神则不立，国无精神则不强。唯有精神上站得住、站得稳，一个民族才能在历史洪流中屹立不倒、挺立潮头。同困难作斗争，是物质的角力，也是精神的对垒。伟大抗疫精神，同中华民族长期形成的特质禀赋和文化基因一脉相承，是爱国主义、集体主义、社会主义精神的传承和发展，是中国精神的生动诠释，丰富了民族精神和时代精神的内涵。我们要在全社会大力弘扬伟大抗疫精神，使之转化为全面建设社会主义现代化国家、实现中华民族伟大复兴的强大力量。

——习近平在全国抗击新冠肺炎疫情表彰大会上的讲话

（2020年9月8日）

原典

上下同欲者胜，同舟共济者赢。

——孙武《孙子兵法·谋攻》《孙子兵法·九地》

释义

上下意愿一致、同心协力就能获胜；一起与风雨搏斗，共同经历患难，就能兴盛。

解读

面对突如其来的新冠肺炎疫情，习近平总书记始终把人民生命安全和身体健康放在第一位，带领全党全军全国各族人民同心勠力、同仇敌忾，筑牢坚固的人民防线。“战胜这次疫情，给我们力量和信心的是中国人民。”“人民才是真正的英雄。只要紧紧依靠人民，我们就一定能够战胜一切艰难险阻，实现中华民族的伟大复兴。”

案例

王烁：抗疫逆行者

“云水入荆湘，古来鱼鸟乡，新冠毒，很嚣张，荆楚大地尽肆虐。精兵猛将出南岳，不查真相终不还。”王烁在微信朋友圈留下的最后一条动态正是他的铮铮誓言。

2020年2月17日，在第三次请战湖北后，王烁踏上了湖北荆州的抗疫“战场”，作为中央指导组防控组驻荆州防控队队员、国家援荆流调排查和巡回督导队副队长、疾病系统驻荆州防控小分队队员，对口支援荆州市开展流调排查和巡回督导工作，奋战在抗疫最前沿。2月18日凌晨，王烁和4名战友抵达荆州支援当地疫情防控工作。队伍一到荆州，他们就建了个新的微信工作群，王烁在网上找了些资料，给每个人发了一个方言表，为大家走乡入户开展流行病调查提供语言便利。

“我俩年纪相仿，关系也不错，我比他先一批到达荆州，他出发时我还让他帮我带了一个充电器。”王烁的战友、广东省职业病防治院主任医师李旭东回忆往事不无伤感。“我们虽然叫疫情防控组，工作内容其实分两大块：一个是面上的巡回督导，叫‘侦察兵’；另外一个是流调队，叫‘排雷兵’，下沉到重点一线，比如到洪湖市、监利县。”

按照工作需要和专业特长，王烁被分配到巡回督导队。王烁和战友们在当地开展流行病学调查，检查督导疫情防控工作，跑遍了荆州市全部2区6县（市），足迹遍布各级疾控机构、定点医院、发热门诊、集中隔离点以及广大的社区、农村。他们走访定点医院、深入集中隔离点，下沉社区和农村，到离危险最近的地方，核报告、收资料、入户调查，掌握一线资料，挖掘关键信息，与时间赛跑，同病魔较量。

“巡回督导就像大海捞针，要把重点找出来，还需要回头看。”李旭东说。比武汉、广州还要大的荆州，14000多平方公里，接近两个广州的大小。最远的地方，他们需要开车两个多小时，甚至绕道湖南岳阳，且因疫情期间道路封锁，经常找不到路，导航也没法用。

虽面临着感染风险和心理压力，王烁和战友们却一往无前，夜以继日。“王烁这个人还挺乐观，整天乐呵呵的，专业上也很过硬。”李旭东说，当时他们去督导时，王烁还根据上级的提纲设计了一个细化的调查表，直接让调查对象打勾或者填空，晚上整理报告作分析，提升了工作效率。

好学的王烁还不时向后方的领导广东省职业病防治院职业卫生评价所所长苏世标请教。“在荆州，基本上每一两天他都会给我打电话或是发微信，遇到问题他会向我请教，我也会主动找他交流。他是流行病统计学毕业，一直做职业病防治，对防控的接触没有CDC（疾控中心）那么多，但是他有冲劲不怕吃苦，对待工作认真负责，严于律己，效率非常高。”苏世标说，让王烁做的N95口罩选用及使用指南，内容专业又充实，这是他加班查阅资料赶出来的。

3月13日晚，王烁在走访查看荆州社区疫情防控工作时，被一辆急速行驶的面包车从后侧撞倒。事发现场，虽然也有伤，同行的李旭东紧急护住被撞20多米远的王烁身躯，呼叫救护车和指挥部。闻讯后，指挥部的队友们都拔腿往外跑，广东医疗队中一名珠海的医生第一个抵达，就地给王烁做人工呼吸。抢救室里，集合了广东、海南医疗队及荆州市的著名医生。然而，经三地专家全力抢救，王烁还是走了，因公殉职，年仅36岁。

英雄离世，山河同悲。广东省委、省政府，湖北省委、省政府主要领导高度重视，分别作出批示，对王烁同志因公殉职表示深切哀悼，对王烁同志的家属表示亲切慰问，要求做好善后工作。3月20日，广东省委决定，追授王烁同志“广东省优秀共产党员”称号。此前，共青团广东省委员会、广东省青年联合会已追授王烁“广东青年五四奖章”，广东省总工会也追授王烁“广东省五一劳动奖章”荣誉称号。4月28日，王烁同志被共青团中央、全国青联授予中国优秀青年最高荣誉——第24届“中国青年五四奖章”。

短短26天，王烁和战友跑遍了荆州市全部2区6县（市），写下不朽的诗篇；短短36年，他积极向上，坚定共产主义的理想和信念，谱写出不朽的传奇；生于平凡，归于不凡，他的生命为使命而歌！

五四精神

今天，新时代中国青年处在中华民族发展的最好时期，既面临着难得的建功立业的人生际遇，也面临着“天将降大任于斯人”的时代使命。新时代中国青年要继续发扬五四精神，以实现中华民族伟大复兴为己任，不辜负党的期望、人民期待、民族重托，不辜负我们这个伟大时代。

——习近平在纪念五四运动100周年大会上的讲话

（2019年4月30日）

原典

故天将降大任于斯人也，必先苦其心志，劳其筋骨，饿其体肤，空乏其身，行拂乱其所为，所以动心忍性，曾益其所不能。

——《孟子·告子章句下》

释义

所以上天要把重任降临在某人的身上，必定要先使他的内心痛苦，使他的筋骨劳累，使他经受饥饿之苦，以致肌肤消瘦，使他受贫困之苦，使他的每一次行动都不如意，这样来激励他的心志，使他性情坚忍，增加他所不具备的能力。

解读

人才不是天生的，是在复杂的现实生活中经过艰苦的实践历练而成的，所以对于广大的中国青年来说，大可不必在困难和挫折面前灰心丧气，要把苦难和挫折当作人生的考验。新时代中国青年在肩负使命的征程上任重道远。新时代中国青年应该早日拥有“天将降大任于斯人”的觉悟，做好接受考验和磨炼的准备，树立正确的人生观、世界观和价值观，永远不忘忧患意识，带着顽强的意志和上进的决心，不断强化自己，向着成为国之栋梁的目标进发。

案例

工匠新星王中美

“我爸就是一名很有名气的电焊工，我从小就经常看他工作，耳濡目染，觉得电焊挺神奇。”2001年技校毕业后，王中美成为中铁高新工业九桥工程有限公司的一名电焊工。

“电焊工作环境异常艰苦，狭窄的作业空间、闷热的焊接环境、僵立的焊接姿势、弧光和焊花的伤害，但看到自己亲手焊接的大桥横跨在祖国的江河湖海，为万千百姓带来出行便利，那就是最幸福的时刻。”王中美说。焊缝是桥梁的生命。当一辆又一辆高速列车呼啸而过，桥梁的每条焊缝都在承受考验，而王中美就是守护桥梁生命的“女焊将”。

南京大胜关长江大桥、武汉天兴洲长江大桥、沪通长江大桥……50多座世界一流桥梁的前期焊接试验任务都有王中美的身影。这当中，王中美用自己在钢梁焊接领域的专长，围绕施工技术难点积极开展科研，攻克了三代高强度高性能桥梁钢焊接技术难题，先后取得了27项技术攻关、17项创新成果，多项工艺填补了国内空白。她主持改进的焊接技法提高了50%的工效，被命名为“王中美焊接工法”，为我国桥梁建设事业做出了积极贡献。

有一年盛夏，宁波庆丰大桥工期将至，但任务未完。王中美主动请缨，带队驰援。因为正值盛夏，密闭的钢箱梁里温度高达60多摄氏度，为避开高温，只能在下午4点到第二天凌晨工作，但即便如此，里面也是又热又闷，几分钟过后全身就已湿透。在这个过程中，王中美和好几名队员都中暑生病了，为了按时完成工作，只能上午到医院挂吊瓶，下午上工地接着干。最终她和队员们都坚持了下来，经过两天一夜的艰苦奋战，任务出色完成。

“当面对艰苦复杂的工作时，我想到的是老师傅、工友的告诫，想到的是我父亲。正是我父亲他们老一辈创造了现在的辉煌，现在重担落在我们身上。正是这份热爱、责任，让我从未想过放弃。”王中美表示，传承的责任给了她坚持的力量。

王中美对于党的十九大报告提出的“加快建设制造强国，加快发展先进制造业”深感振奋，她表示：“作为新时期产业工人，能参与推动‘中国制造’向‘中国智造’的转变是时代赋予的光荣使命，我不仅要对每一道焊缝负责，也要对我的每一位徒弟负责。未来我将继续发扬工匠精神，努力带动更多的桥梁焊工成为技能型、创新型的劳动者。”正如十几年前师傅传授她一样，王中美也正将自己的技术和绝技传承给年轻人。

在她的带领下，其所在团队的工作效率和质量大幅提升，成为公司颇有名气的“女子电焊突击队”。而由她们参与的焊接任务一次性探伤合格率均达到99%以上，她们工班焊接的成品成为驻厂代表、监理眼中的“免检产品”。

经她指导的女工刘青，参加工作仅三年，就先后在中铁科工集团和中铁九桥电焊工技能大赛获得第二名的优异成绩。2013年，她更是带领工班全体人员一次性取得了江西省质监局特种设备作业操作证。2016年10月，以她名字命名的“王中美劳模创新工作室”“王中美技师学习工作室”挂牌成立，至今已顺利举办多期培训班，涌现出了越来越多的电焊人才。

卓越的表现为王中美赢得了多项荣誉。2018年荣获全国三八红旗手荣誉称号，2019年荣获第23届中国青年五四奖章，2020年当选全国劳动模范，2021年荣获全国优秀共产党员荣誉称号。面对纷至沓来的荣誉，王中美说：“荣誉背后也是一份沉甸甸的责任，今后我要继续奋斗，在急难险重任务中勇挑重担，积极投身到‘十四五’时期交通强国建设的浪潮中，贡献自己的光和热。”

风雨兼程二十载，王中美在焊接事业上精益求精，用行动诠释了新时代的“劳模精神”和“工匠精神”。王中美表示，在今后的工作中，将利用专长开展科研，推动技术创新、人才培养、科研推广，培养更多优秀青年人才，为我国从桥梁建设大国向建设强国转变做出更多贡献。

王中美以她无悔的青春，展示了刻苦钻研、创新超越的工匠精神，谱写了一名普通劳动者对事业的执着追求，更诠释了当代女性自尊、自信、自立、自强的时代精神！

劳模精神

“不惰者，众善之师也。”在长期实践中，我们培育形成了爱岗敬业、争创一流、艰苦奋斗、勇于创新、淡泊名利、甘于奉献的劳模精神，崇尚劳动、热爱劳动、辛勤劳动、诚实劳动的劳动精神，执着专注、精益求精、一丝不苟、追求卓越的工匠精神。劳模精神、劳动精神、工匠精神是以爱国主义为核心的民族精神和以改革创新为核心的时代精神的生动体现，是鼓舞全党全国各族人民风雨无阻、勇敢前进的强大精神动力。

——习近平在全国劳动模范和先进工作者表彰大会上的讲话

（2020年11月24日）

原典

春蚕到死丝方尽，蜡炬成灰泪始干。

——［唐］李商隐《无题·相见时难别亦难》

释义

春蚕结茧到死时丝才吐完，蜡烛要燃尽成灰时像泪一样的蜡油才能滴干。

解读

劳动的内涵在更新，劳模的标准在“进阶”，“爱岗敬业、争创一流，艰苦奋斗、勇于创新，淡泊名利、甘于奉献”的劳模精神始终是不变的秘籍。日复一日、年复一年，在中华大地上，千千万万的劳动者，耕耘着、创造着，用汗水和心血浇灌着劳动的果实，实现着人生的价值。

案例

蔡凤辉：新时代的环卫工人

蔡凤辉，现任北京环卫集团环卫服务有限公司天安门人工保洁班班长。2012年至今，蔡凤辉带领天安门保洁班先后承担了“中国抗日战争暨世界反法西斯抗战胜利70周年”“新中国成立70周年”等重大环卫保障任务，用辛勤劳动扮靓了大国“颜面”，以无悔付出赢得了人们的尊重。

在2015年“中国抗日战争暨世界反法西斯抗战胜利70周年”阅兵环

卫保障工作中，她提出“人机结合、网格管理、快速捡拾、定期冲刷、监督检查、专业高效”24字工作方针，为天安门广场的环卫保障工作总结经验。2019年10月1日是祖国70周年华诞，也是蔡凤辉职业生涯中的一场“大考”。那时的她刚做完腿部手术，便毫不迟疑地选择归队，与队友们一起备战环卫保障工作。在为之准备的半年时间中，蔡凤辉对上千名天安门地区的环卫保障人员进行了实地培训，每天工作时间长达20小时，日均步数3万多步。28万平方米、37个日常作业网格、26个阅兵保障网格、40辆快速捡拾车、100名骨干、880名支援人员……蔡凤辉如数家珍。

“在天安门广场工作，非同一般。”这是蔡凤辉的信念，更是她的初心。多年来，她充分发挥团队精神，凭着一股子干劲、闯劲、钻劲，带领大家在平凡工作中做出了不平凡的成绩。

天安门广场的保洁工作包括广场和周边的垃圾捡拾、果皮箱清洁和垃圾清运等。因为需要走许多路，保洁员们的脚上常常磨出水泡。蔡凤辉绞尽脑汁想要解决这个问题。吃饭时想、休息时想，就连探望病人时都在想着这件事。功夫不负有心人。在探望病人的路上，她不经意间看到一辆电动三轮车。这辆三轮车如同掉落到牛顿头上的那颗苹果，启发了她的无限遐想。

多年的实战经验，让她十分了解保洁员的工作习惯。她“钻研”电动车的工作原理，提出把行车制动装置设计安装到右侧，并且为电动车安装后垃圾筐。形成初稿、推敲细节、修改完善，仅用半个月的时间，她和研发团队的成员们便设计出了一款便捷、高效、环保的电动保洁车。电动保洁车不仅让保洁员们用起来更顺手，还提高了安全系数与工作效率。“以前5分钟的路程，现在1分钟就能到。”有了电动保洁车，保洁员的工作效率提升了80%以上。

蔡凤辉先后荣获全国五一劳动奖章、全国巾帼建功标兵、北京市“三八”红旗奖章、北京优秀人物“北京榜样”等荣誉称号，还先后获得“天安门地区群防群治先进个人”“中国抗日战争暨世界反法西斯战争胜利70周年阅兵活动环卫服务保障工作先进个人”、中国劳动关系学院“优秀学员干部”“优秀学员”，以及“时传祥作业质量奖”先进个人、“京环奖章”等荣誉。

2018年春，蔡凤辉被保送到中国劳动关系学院劳模本科班学习深造，五一节前夕，蔡凤辉与其他37位劳模学员一起给习近平总书记写信，表达了当好主人翁、建功新时代的信心与决心，并于2018年4月30日收到总书记的回信。习近平总书记在信中肯定了大家的劳动成果，鼓励大家认真学习、努力工作，强调社会主义是干出来的，新时代也是干出来的。劳动最光荣、劳动最崇高、劳动最伟大、劳动最美丽。习近平总书记的回信一直激励着蔡凤辉努力前行，不忘初心、牢记使命，激励着她用一生的努力实现环卫人的梦想。

“用劳动诠释青春、用劳动灌溉梦想。我要以更大的干劲、闯劲、钻劲，传承劳模精神，走好时代之路，为北京环境卫生干净整洁献出自己的微薄之力。”蔡凤辉说。

长征精神

长征这一人类历史上的伟大壮举，留给我们最可宝贵的精神财富，就是中国共产党人和红军将士用生命和热血铸就的伟大长征精神。

伟大长征精神，就是把全国人民和中华民族的根本利益看得高于一切，坚定革命的理想和信念，坚信正义事业必然胜利的精神；就是为了救国救民，不怕任何艰难险阻，不惜付出一切牺牲的精神；就是坚持独立自主、实事求是，一切从实际出发的精神；就是顾全大局、严守纪律、紧密团结的精神；就是紧紧依靠人民群众，同人民群众生死相依、患难与共、艰苦奋斗的精神。

——习近平在纪念红军长征胜利80周年大会上的讲话

（2016年10月21日）

原典

红军不怕远征难，万水千山只等闲。

五岭逶迤腾细浪，乌蒙磅礴走泥丸。

金沙水拍云崖暖，大渡桥横铁索寒。

更喜岷山千里雪，三军过后尽开颜。

——毛泽东《七律·长征》

释义

红军不怕万里长征路上的一切艰难困苦，把千山万水都看得极为平常。绵延不断的五岭，在红军看来只不过是微波细浪在起伏，而气势雄伟的乌蒙山，在红军眼里也不过是一颗泥丸。金沙江浊浪滔天，拍击着高耸入云的峭壁悬崖，热气腾腾。大渡河险桥横架，晃动着凌空高悬的根根铁索，寒意阵阵。更加令人喜悦的是踏上千里积雪的岷山，红军翻越过去以后个个笑逐颜开。

解读

革命战争时期，先辈们高擎理想火炬，爬雪山、过草地，创造了人类战争历史上前无古人的伟大奇迹。今天，在新时代的中国特色社会主义道路上，我们还有更多的“雪山”“草地”需要跨越，还有更多的“娄山关”“腊子口”需要征服。这些挑战，是一种更为长期、更为严峻的考验。它表面上看起来并非那么艰难，那么壮烈，但要取得胜利，却是相当不易的。我们要直面改革发展过程中的挫折与困难，弘扬伟大长征精神，走好今天的长征路。

案例

杨善洲：新时代的“长征精神”践行者

“杨善洲，杨善洲，老牛拉车不回头，当官一场手空空，退休又钻山沟沟；二十多年绿荒山，拼了老命建林场，创造资产几个亿，分文不取乐悠悠……”这首流传于滇西保山市施甸县的民谣，不仅唱出了当地群众对云南省原保山地委书记杨善洲的敬重，还生动地向世人诠释了一名共产党人60年如一日对理想信念的坚守。

杨善洲从1953年担任区委副书记起，先后担任过县委副书记、县委书记，1977年担任保山地委书记，直至1988年退休。他很少待在机关，大部分时间都在乡下跑。碰上饭点，老百姓吃什么，他吃什么，吃完结账。

为提高亩产解决群众温饱，他亲自试验并示范推广“三岔九垄”插秧法。直到现在，保山当地群众插秧还沿用这个方法。他还推动了“坡地改梯田”、改籼稻为粳稻等试验田。1978—1981年保山的水稻单产在全省排第一，保山获得“滇西粮仓”的美誉，杨善洲被人们称作“粮书记”。

他担任地委书记后，按照政策，组织部门上交了他家人“农转非”的报告，他闻讯后坚决要求撤销了报告。他的妻子和大女儿一辈子都生活在农村。

他担任地县领导干部30多年，可直到退休也没有能力为在农村的家盖一所像样的房子，他家的房子曾经是全村最差的。

杨善洲退休后回到大亮山林场种树，全家想方设法借了5万元在施甸县城附近买了一块地，勉强盖了一幢新房。老伴找到他：能不能凑点钱，帮娃们还账？他东拼西凑仅拿出9600元。为了不拖累孩子们，杨善洲做主把房子卖了。

1988年3月杨善洲退休后，婉拒上级安排他到省城安享晚年的厚意，走进施甸县大亮山，与15名职工一道开始了起早贪黑植树造林的生活。

那时，就地取材搭起来的40多间油毛毡棚是大家的栖身处。1992年，大亮山林场盖起第一间砖瓦房，他让给了新来的技术员。在四面透风漏雨的油毛毡棚，老人一住就是9年。

杨善洲虽然是大亮山林场的主要创办人，却坚持不从林场领取报酬。最初的几年，林场每月给他补贴70元伙食费，后来调到100元。林场曾多次要给他一个月500元的补助，他总是一句话顶回来："我上山是来种树的，要那么多钱干什么？"

22个寒暑过去，大亮山林场人工林面积达5.6万亩，经济价值超过3亿元。2009年，82岁的杨善洲把大亮山林场的经营管理权无偿移交给国家，施甸县政府决定奖励杨善洲10万元，被他当场谢绝。经再三劝说，他接下了保山市委市政府奖励的20万元，捐出16万元用于公益事业，仅余4万元留给他一生愧疚的老伴。

"杨善洲不仅是共产党员的典范，也是我们每个人做人、做事的楷模。"云南省社会科学院研究员杨福泉说。

创新精神

我国现代化建设的目标是，到我们党成立100年时建成惠及十几亿人口的更高水平的小康社会，到新中国成立100年时基本实现现代化，建成富强民主文明和谐的社会主义现代化国家。党中央今年颁布的《国家创新驱动发展战略纲要》明确，我国科技事业发展的目标是，到2020年时使我国进入创新型国家行列，到2030年时使我国进入创新型国家前列，到新中国成立100年时使我国成为世界科技强国。

——习近平在全国科技创新大会、两院院士大会、中国科协第九次全国代表大会上的讲话（2016年5月30日）

原典

火药、指南针、印刷术——这是预告资产阶级社会到来的三大发明。火药把骑士阶层炸得粉碎，指南针打开了世界市场并建立了殖民地，而印刷术则变成了新教的工具，总的来说科学复兴的手段，变成了对精神发明创造必要前提的最强大的杠杆。

——马克思《机器、自然力和科学的应用》

释义

三大发明把欧洲从封建社会推向了近代社会，火药的发明推动了欧洲武器的进步，同时还促进了欧洲采矿业和金属制造业的发展。指南针的发明促进了欧洲航海技术的发展，从而迎来了地理大发现，同时也让欧洲开始走向殖民。印刷术的发明有利于文化的传播，最终推动了文艺复兴运动以及欧洲宗教改革。

解读

邓小平提出的重要论断“科学技术是第一生产力”不仅仅是社会劳动生产力，在体育表现中同样也十分强大。2022年北京冬奥会从2013年致函申报开始，到2015年正式开始筹备，再到2022年正式开始，从开幕式到每一场比赛，都展示出了如今的中国技术。可以说现在的奥运会已经不仅仅是体育的比拼，更多的是科技技术的展示，北京冬奥会给予全世界运动员的是不断挑战自我、突破极限的舞台，也是一次中国技术的展示。相信北京冬奥会展示出的这些“发明”在不久的未来，一定会融入人民群众的生活，为大家的生活提供便利，为全面实现小康生活画上浓墨重彩的一笔。

案例

2022年北京冬奥会上的四大“发明”

忆往昔，中国古代的四大发明，推动人类文明进步，留下了耀眼的足迹；看今朝，北京冬奥会上的四大“发明”，彰显中国实力，携手世界人民，一起向未来，谱就更快、更高、更强、更团结的奥运华章。

“发明”一：无人化转播

为了应对新冠肺炎疫情所带来的防疫压力，此次北京冬奥会采用了无人化转播技术。与传统的转播形式相比，无人化转播不需要大量工作人员和制作团队的帮助，能在减少人员聚集、降低感染风险的前提下，对冬奥会进行有效转播。无人化转播不但可以精准锁定场馆内高速运动的目标，还能够围绕不同的中心点进行拍摄，呈现出一种立体感的效果。不同于过去的固定镜头，360度VR全景直播可随观众需求自由地切换视角，真正满足了观众的个性化观赛体验。

“发明”二：新时代动车组

本次奥运会的成功举办，离不开新时代动车组的“中国速度”。2022年北京冬奥会共有3个赛区：冰上项目和自由式滑雪大跳台所在的北京赛区，雪车雪橇和高山滑雪项目所在的延庆赛区，举办其他雪上项目的张家口赛区。为了让所有运动员和观众更好地享受北京冬奥会，我国在短时间内为此次冬奥会建设了复兴号动车线路。复兴号动车时速高达350公里，充分展示了中国速度。车内条件优越、科技感十足：采用无人驾驶技术，并配备了5G技术，能应对各种极端情况；为了让主持人在动车上也能从容进行赛事播报，我国科研团队花费大量时间，反复地进行实验，成功地打造出动车上全球唯一的高清移动演播室。

“发明”三：中国建造

为了响应2022年北京冬奥会、冬残奥会的主题口号“一起向未来”，此次冬奥场馆建设以绿色环保为核心理念，大量的场馆都是在原有建筑的基础上改造而成的。国家体育馆“鸟巢”再担重任，成为开幕式和闭幕式的举办场地；国家游泳中心“水立方”，由游泳比赛场地变身此次冰壶项目的主要场地“冰立方”，也是世界首个“冰水转换”的场馆。更神奇的是，“冰立方”能够在保证比赛场地为-8.5℃的情况下，让观众席温度维持在18℃。

同样值得夸赞的是，此次冬奥会场馆大量运用了风电、太阳能、光伏发电等发电方式，将绿色环保的理念落实到每一个环节，为全世界大型赛事提供了宝贵的经验。

“发明”四：未来餐厅

民以食为天，众口却难调。在新冠肺炎疫情背景下，为了满足全世界运动员个性化的餐饮需求，同时也将中国博大精深的饮食文化写进冬奥会的味觉记忆，2022年北京冬奥会选用了拥有大约120个机器人的未来餐厅。未来餐厅里没有厨师和服务员，全程在“机器人厨师”的“表演”下为数千人提供用餐。全世界的美食文化，汇聚在全透明的厨房和上千种菜肴里，真可谓“前不见古人”，刷新想象。

创造精神

中国人民是具有伟大创造精神的人民。在几千年历史长河中，中国人民始终辛勤劳作、发明创造，我国产生了老子、孔子、庄子、孟子、墨子、孙子、韩非子等闻名于世的伟大思想巨匠，发明了造纸术、火药、印刷术、指南针等深刻影响人类文明进程的伟大科技成果，创作了诗经、楚辞、汉赋、唐诗、宋词、元曲、明清小说等伟大文艺作品，传承了格萨尔王、玛纳斯、江格尔等震撼人心的伟大史诗，建设了万里长城、都江堰、大运河、故宫、布达拉宫等气势恢弘的伟大工程。今天，中国人民的创造精神正在前所未有地迸发出来，推动我国日新月异向前发展，大踏步走在世界前列。我相信，只要13亿多中国人民始终发扬这种伟大创造精神，我们就一定能够创造出一个又一个人间奇迹！

——习近平在第十三届全国人民代表大会第一次会议上的讲话（2018年3月20日）

原典

业精于勤，荒于嬉；行成于思，毁于随。

——［唐］韩愈《进学解》

释义

学业由于勤奋而专精，由于玩乐而荒废；德行由于独立思考而有所成就，由于因循随俗而败坏。

解读

“劳动光荣，技能宝贵，创造伟大”。我们在工作岗位上要静下心来，下一番功夫，深入地钻研、刻苦地训练；要树立正确的人生观、世界观和价值观，无论干什么工作，都要静得下心、耐得住寂寞，满怀激情、坚定执着，在实践中不断锤炼自己创业干事的本领。

案例

欧阳自远：中国月球探测工程首任首席科学家

2020年12月17日凌晨，携带月球样品的嫦娥五号返回器在内蒙古四子王旗预定区域安全着陆，取得了圆满成功，首次实现了我国地外天体采样返回。这个珍贵的月球样本要解决月球演化历史中的最大难题，寻找距今30亿年至20亿年间月球演化过程的新证据。而这一任务的提出者就是欧阳自远。作为中国月球探测工程首任首席科学家，他从战略高度，为中国探月工程制定了一个又一个科学目标。

嫦娥五号月球取样返回是中国月球探测工程即“嫦娥工程”的收官杰作，标志着无人月球探测阶段的“绕”“落”“回”三步走探月目标任务圆满完成。从20世纪90年代系统论证月球探测的科学目标，到2004年嫦娥工程立项，到2007年嫦娥一号探测卫星奔月，再到2020年嫦娥五号实现月球采样返回，中国探月工程每一步都浸渍着无数科学家的心血，凝聚着他们的智慧。

中国科学院院士欧阳自远就是其中杰出的代表，作为中国月球探测工程首任首席科学家，他带领科学团队夙兴夜寐、风雨兼程，攻克一个又一个难关，夺得一场又一场胜利，终于把古老东方的“嫦娥奔月”传说和梦想变为现实，他也赢得了“嫦娥之父”的美誉。

1957年，苏联发射了第一颗人造卫星，拉开了人类空间时代到来的帷幕，中国的太空时代何时到来，该如何准备，这些问题在欧阳自远的心里早早埋下了种子。可当时中国没有科研实力拿到珍贵的太空样本，欧阳自远便把目标瞄准了“天外来客”——陨石。1976年，吉林省境内发生了一次历史上规模罕见的陨石雨，欧阳自远带队前往当地现场考察，随后发表的100多篇论文，奠定了中国天体研究的基础。1994年，欧阳自远等专家开始论证探月工程的可行性，到2004年，第一期绕月探测正式立项，这一刻在他的时间表里足足准备了四十多年。

2007年，嫦娥一号发射升空，它被月球轨道成功捕获的那一刹那，让欧阳自远永远难以忘怀。这一幕被定格在了中国探月的历史中，随后的每颗探测器都圆满完成任务：嫦娥二号绘制出月球表面最好、最清晰的地形图与三维立体图；嫦娥三号的着陆器与月球车登上了月球正面，长期开展对太阳的观测、对地球环境的监测和对月球的探测；嫦娥四号登上了神秘的月球背面，对月球40亿年前的演化历史做出了创新性贡献；嫦娥五号在月球上取样，这些珍贵样本揭示了月球的演化历史。对“嫦娥奔月”五战五捷的耀眼表现，欧阳自远自豪之情溢于言表。

“嫦娥五号”自动在月球上取样，带回了1731克样品。“当时我们要求距离阿波罗号登陆点至少一千多公里以外，因为我们就是要找最年轻的土壤。”后来，中国科学家研究发现，月球在20亿年前仍然有玄武岩火山活动，将月球的内动力演化历史延长了10亿年！“可以说，对于月球的第二轮探测，我们中国做得最好、最先进。”

“下一步，中国要建设月球科研站。”欧阳自远介绍，2030年前，我国在基本完成不载人月球探测任务后，将建设月球科学研究平台，择机实施载人登月探测以及建设有人驻留的月球基地，开发利用月球资源。月球不仅太阳能非常丰富，还有很多矿产资源。月球没有大气、没有磁场，这一特殊环境可用于生产一些生物制品和新材料。

“我们还将进行火星取样、小行星探测，还要飞到木星。中国要向太阳系的星辰大海挺进，这是我们的目标。”欧阳自远说。在他不大的办公室里摆满了大大小小的月球仪，工作累了他就仰头看看墙上挂着的“中国首次月球探测工程全月球影像图”。“这是目前世界上最完整、最清晰的一幅全月图，重要的是，它是中国人的全月图！”但是他并不满足于此，“火星表面的图是别人做的，以后我们上去火星后一定会做得更好。”

为了这项神圣的使命，高龄的欧阳自远仍用不倦的步伐续写着科学人生的新篇章。在北京，他几乎每天家和办公室两点一线，早晨六点起床，中午连续工作到夜里十一点半。他风趣地说“如果要找到我现在还不那么老态龙钟的原因的话，可能就是专心工作，心情愉快，在探索未知的世界里遨游是幸福的。当你怀着强盛国家的心去工作的时候，你的工作就会悄然转向热爱。”外出活动基本上是去对公众做科普报告，“我希望能够激励孩子们，要热爱自己的祖国、热爱科学，要为祖国做贡献。”

这就是欧阳自远，一辈子、一颗心，永远运行在报效祖国的轨道上。他始终坚信：“中国人应该飞得更远，中国人有能力飞得更远。”

爱国精神

弘扬爱国主义精神，必须坚持爱国主义和社会主义相统一。我国爱国主义始终围绕着实现民族富强、人民幸福而发展，最终汇流于中国特色社会主义。祖国的命运和党的命运、社会主义的命运是密不可分的。只有坚持爱国和爱党、爱社会主义相统一，爱国主义才是鲜活的、真实的，这是当代中国爱国主义精神最重要的体现。

——**习近平在中共中央政治局第二十九次集体学习时的讲话**

（2015年12月30日）

原典

爱国心本身就包含着对于国家政体的遵循。

——亚当·斯密《道德情操论》

释义

我们的爱国心，似乎含有两种不同的情操：其一是，对那个已实际确立的政体或统治形态怀有一定程度的尊敬；其二是，真心渴望尽我们所能使我们同胞过着安全、体面、幸福的生活。

解读

只有坚持爱国和爱党、爱社会主义相统一，爱国主义才是鲜活的、真实的，这是当代中国爱国主义精神最重要的体现。弘扬爱国主义就要不断增强对伟大祖国、中华民族、中华文化、中国共产党、中国特色社会主义的认同。

案例

牛犇：80岁的新党员

2018年春节前，上海电影集团党委书记、董事长任仲伦收到了一封信。信中写道："我是已逾80岁的老人了，我一直有个心愿——做一名光荣的中国共产党党员。希望您能支持和满足我实现这一梦想，特别希望您能成为我的入党介绍人。"这位耄耋之年申请入党的写信人，正是德艺双馨的电影表演艺术家——牛犇。

牛犇，原名张学景，1935年出生于天津，早年失去双亲，跟随哥哥在北平中电三厂生活。为了补贴家用，减轻哥哥的负担，牛犇经常出入电影厂做一些运送道具、跑腿买东西的杂活。1946年，因片厂里的演员都演不出放牛牧童的朴实、接地气，十一岁的他，在机缘巧合下出演了抗日影片《圣城记》中的牧童这一角色，竟因此成了远近闻名的童星。1948年，牛犇出演《清宫秘史》的一个儿童角色，随后去了香港。1949年新中国成立后，牛犇立即从香港回到北京，在北京电影制片厂参加拍摄了《龙须沟》后，一直在上海电影制片厂担任演员。

很多人对张雪景塑造的“小牛子”这个角色印象深刻，甚至直接喊他“小牛子”，加之当时的单字起名热潮，他自作主张，改名为“牛犇”。从《龙须沟》到《牧马人》，再到《泉水叮咚》，牛犇留下许多惊艳了一个时代的作品。他从不演什么主人公，但他饰演的每一个小角色都足够观众去回味。对自己饰演的每一个小角色，牛犇都尽全力做到最好。

在一次拍摄的过程中，一只狼狗突然发疯似的朝他扑咬过来，伤口深得吓人，但是包扎完毕后，他依旧坚持把戏拍完；拍《海鸥老人》时，80岁的牛犇坚持不用替身，亲自表演跳湖戏，感动了所有观众；为了让《先结婚后恋爱》全剧更加完美，他不顾自己的体力问题，一再坚持原来的剧本；在许多年轻演员靠对口型敷衍了事的当下，夜半三更起来背台词，仍是他生活的常态……获得金鸡奖终身成就奖的他，实至名归。颁奖典礼上震耳欲聋的掌声，不仅是对牛犇演技的认可，更是对他演员德行的高度赞扬。

80多岁的牛犇在入党志愿书中写道：“我要像许多老一辈艺术家一样，成为一名真正的中国电影人，为共产主义事业奋斗的电影人。”2018年6月6日，在“我的电影党课”启动仪式上，表演艺术家牛犇正式宣誓加入中国共产党，实现了自己70多年来的愿望。6月26日，牛犇收到了习近平总书记的来信。信中，总书记勉励他“发挥好党员先锋模范作用，继续在从艺做人上作表率，带动更多文艺工作者做有信仰、有情怀、有担当的人，为繁荣发展社会主义文艺贡献力量”。

从青葱岁月到年迈的小老头儿，牛犇在演艺圈活跃了70多年，是名副其实的老艺术家。他始终把党当母亲，把入党当成神圣的事情，60多年矢志不渝追求进步，以党员标准要求自己，把为人民创作作为人生追求，并在耄耋之年加入中国共产党。

人民军队精神

人民军队从胜利走向胜利，彰显了军民团结的伟大力量。人民军队始终和人民同呼吸、共命运、心连心，完全彻底为人民奋斗，哪里有敌人，哪里有危难，哪里就有人民子弟兵。谁把人民放在心上，人民就把谁放在心上。“最后一碗米送去做军粮，最后一尺布送去做军装，最后一件老棉袄盖在担架上，最后一个亲骨肉送去上战场”。这首战争年代广为传唱的民谣，就是军民团结如一人的生动体现。

——习近平在庆祝中国人民解放军建军90周年大会上的讲话

（2017年8月1日）

原典

为什么我们过去能在非常困难的情况下奋斗出来，战胜千难万险使革命胜利呢？就是因为我们有理想，有马克思主义信念，有共产主义信念。

——《邓小平文选》

释义

中国共产党能够战胜各种艰难险阻的原因，靠的是强大的信念。我们一直坚信我们走的道路是正确的，我们用马克思主义的辩证唯物主义和历史唯物主义看待问题，发展中国特色社会主义道路是正确的。

解读

中华民族是一个崇尚英雄的民族，也是一个越挫越勇的民族，而我们的解放军战士就是我们这个民族的基石，他们守护着我们国家的每一寸土地，用自己的血肉之躯，铸造起了新的长城。我们不是生活在一个和平的时代，只是很幸运地生活在一个和平的国家，而这些都是因为我们的解放军战士以及人民群众团结一致，共同奉献带来的。

案例

中国山河，寸土不让

喀喇昆仑，巍峨神秘；边关战士，铁血屹立。外敌来袭，奋力反击，中国山河，寸土不让！捐躯赴国难，视死忽如归！英勇的戍边战士，这些最可爱的人，他们以清澈之爱、铁肩担当，护山河无恙，谱军人荣光！

2020年6月，中印边境加勒万河谷地区，印军公然违背国际共识，非法越过边境线，搭建帐篷，企图制造冲突。我军边防部队团长祁发宝本着谈判解决问题的诚意，只带领几名官兵，蹚过湍急的河水，前去与印军交涉。然而印军无视我方诚意，他们无耻地以多欺少，用钢管、棍棒、石块等武器暴力袭击我方战士。我方战士寸土不让，力量悬殊的双方展开了激烈的交战。

雪山回荡英雄气，风雪边关写忠诚！战斗中，团长祁发宝身先士卒，以血肉之躯阻挡印军，头部受到重创，左前额骨被击打破裂，撕开了一道十几厘米的口子。危急关头，营长陈红军带领两名盾牌手以及多名战士突入重围，前去营救团长，自己却英勇牺牲。盾牌手陈祥榕冲在最前面突入重围营救，奋力反击，最终英勇牺牲。摄像取证的肖思远也加入了战斗，他在突围后义无反顾返回营救战友，战斗至生命的最后一刻。战士王焯冉，在渡河前去支援途中，拼力救助被冲散的战友脱险，自己却被淹没在冰河之中。

这些可敬的人啊，他们在自己家里，还是撒娇的儿子，是恩爱体贴的丈夫，是慈祥而伟岸的父亲。陈红军牺牲时33岁，妻子正怀孕5个多月。他曾经答应过妻子，等到退役后“就一起带孩子、做饭、钓鱼……”陈祥榕牺牲时年仅19岁，他是父母眼中乖巧、懂事的儿子，是奶奶疼爱有加的宝贝孙子。战士肖思远的钱包里，珍藏着一个漂亮女孩儿的照片，执行任务前，他还在憧憬着未来能为这个女孩儿“做一辈子的菜”……

而在边关，他们必须是坚定勇敢的卫士，是国家和人民的钢铁长城。“我们就是祖国的界碑，脚下的每一寸土地，都是祖国的领土。”这是祁发宝、陈红军、陈祥榕、肖思远、王焯冉5名英雄官兵留下的战地誓言。

祁发宝，他戍边20多年，先后上千次带队组织巡逻执勤，80多次参加边境管控行动，20多次带领执勤分队出色完成急难险重任务，十几次与死神擦肩而过。冲突视频中，他未拿任何武器，站在冰冷的水中，张开双臂阻挡外军的背影，让人无比心疼。

陈红军，他从上高中起，就一直怀揣着保家卫国的梦想，也曾不止一次地向朋友描述成为一名军人的期盼。在他读过的一本书中，陈红军特意标注过一句话："党把自己放在什么岗位上，就要在什么岗位上建功立业。"

"清澈的爱，只为中国。"这是18岁的陈祥榕写下的战斗口号。从入伍到牺牲，他的军旅生涯，只有短短的一年多。他也用年轻的生命兑现了临别时对妈妈说的话："要死也要死在边疆上。"

"让我来负责，交给我们班。"这是王焯冉常说的一句话。他总是把集体荣誉看得那么重、总是冲在最前头。王焯冉牺牲前，曾在家书中写道："作为英雄连的战士，我应该把老革命的精神传承下去。我是先锋队的队员，我应该冲在第一线。"

肖思远的名字，取自诗经《载驰》里的"视而不臧，我思不远"。《载驰》，写的是中国文学史上第一位爱国女诗人许穆夫人为救助故国而奔走呼号的故事。他的老师、朋友说，返回营救战友，这看似偶然的选择，肖思远却一定会做的，因为"他就是这样的人"。

中央军委授予祁发宝"卫国戍边英雄团长"荣誉称号，追授陈红军"卫国戍边英雄"荣誉称号，给陈祥榕、肖思远、王焯冉追记一等功。

"我站立的地方是中国/我用生命捍卫守候/哪怕风似刀来山如铁/祖国山河一寸不能丢……"这高原边防官兵最喜爱的歌里，传唱着的是英雄的心声。

抗战精神

中国人民在抗日战争的壮阔进程中孕育出伟大抗战精神，向世界展示了天下兴亡、匹夫有责的爱国情怀，视死如归、宁死不屈的民族气节，不畏强暴、血战到底的英雄气概，百折不挠、坚忍不拔的必胜信念。伟大抗战精神，是中国人民弥足珍贵的精神财富，将永远激励中国人民克服一切艰难险阻、为实现中华民族伟大复兴而奋斗。

——习近平在纪念中国人民抗日战争暨世界反法西斯战争胜利75周年座谈会上的讲话（2020年9月3日）

原典

前事不忘，后事之师。

——刘向《战国策·赵策一》

释义

记住过去的经验教训，可作为以后行事的借鉴。

解读

从抗战胜利出发，中国人民继续发扬伟大的抗战精神，敢于同一切艰难困苦作斗争，推动这个曾经满目疮痍的国家，建立崭新的社会主义制度，实行伟大的改革开放，跻身世界第二大经济体，取得了举世瞩目的发展成就。今天，我们纪念抗战精神，就是要弘扬抗战精神，继续拿出当年那种敢于同困难作斗争的精气神，在战胜各种风险挑战中书写民族复兴的新篇章。

案例

萧山令：伟大抗战精神的益阳身影

1937年12月13日，南京沦陷，众多将士壮烈捐躯。牺牲者中职别最高的是国民党宪兵副司令、首都警备司令、防空司令、卫戍长官部副长官、首都警察厅厅长、代理南京市市长萧山令将军，他也是当时负责守卫首都的实际负责人。萧山令将军勇于受命、决志死敌、慷慨献身的爱国主义精神令人感泣。1984年7月，中华人民共和国民政部追认他为革命烈士。

萧山令，字铁侬，原湖南益阳县四方山人（现属岳家桥镇），生于1892年。萧家是书香门第，一家三代连中秀才，远近闻名。萧山令从6岁开始随父读私塾，因为聪颖好学，深受父亲钟爱。当时正值晚清，列强争相瓜分国土，少年萧山令为此无比愤慨，立誓“兵符在握，一扫群魔”，小小年纪的他决定投笔从戎。

1909年，萧山令考入湖南陆军小学堂，开始研习军事。1912年又入湖北武昌陆军第二预备学校。1914年8月，他升入保定军官学校。1916年12月毕业后，他回到湖南，被分配到湘军任基层军官。1926年，他随宁乡贺耀祖部参加北伐战争，任营长、副团长、参谋长等职。1928年1月，他回到家乡出任益阳县县长，前后有一年时间。1929年1月，萧山令奉调到南京任宪兵中校参谋，开始他的宪兵军官生涯。1930年调南京宪兵司令部任总务处长，工作勤奋，深得上司赏识，不久即晋升为司令部少将参谋长，后又升为宪兵副司令。

1937年卢沟桥事变以后，日寇大肆南侵，攻上海、占杭州，几路兵力直逼南京，此时国民党政府已迁都重庆，多数要员携金带妻，仓皇西逃。南京的宪兵、警备、防空正司令谷正纲，因重病送往武汉就医，副司令萧山令代理三个司令职务，10月底又被委任为卫戍军副长官。南京市市长临危脱逃，萧山令又毅然兼任市长。首都告急，国难当头，萧山令“受命于危难之时”，直任不辞，受到了舆论众口一致的称赞。

在此风声鹤唳、炮声四起、人心浮动、孤城一座之际，萧山令牢记革命军人守土卫民之责，临危不惧，组织南京军民与日寇血战了26个昼夜，表现出了中华民族不屈于侵略者的浩然正气。

1937年12月13日7时许，数千日军水陆夹击，疯狂地屠杀渡江军民。镇静如铁的萧将军义愤冲冠，大声疾呼：“杀身成仁，今日是也！”随后他率部与日军冲锋、肉搏，血战5个小时。最后，宪兵弹尽援绝，多数战死，血流成河。萧山令也被日军机枪扫射中弹。为避免被俘，他拔枪以最后一弹自杀殉国，以自己的义举，实现了“誓与南京共存亡”的诺言，时年45岁。

有人在萧山令遗照上题词：“敦诗笃礼，义胆忠肝，气吞暴日，名并钟山。”在南京最危难的时刻，萧山令用生命践行了自己的诺言。一个萧山令终究改变不了南京战局，但如果人人都能舍生取义，保家卫国，敌人怎敢如此猖狂？

辛亥革命精神

经过近代以来的长期艰苦奋斗，中国人民创造了令世界刮目相看的伟大成就，迎来了民族复兴的光明前景。实现中华民族伟大复兴是全体中华儿女的共同光荣，也是全体中华儿女的共同使命。孙中山先生说："惟愿诸君将振兴中国之责任，置之于自身之肩上。"我呼吁，海内外全体中华儿女更加紧密地团结起来，发扬孙中山先生等辛亥革命先驱的伟大精神，携手向着中华民族伟大复兴的目标继续奋勇前进！

——习近平在纪念辛亥革命110周年大会上的讲话

（2021年10月9日）

原典

亟拯斯民于水火，切扶大厦之将倾。

——孙中山《兴中会宣言》

释义

急需拯救人民群众于水深火热之中，扶助中华民族大厦于即将倾覆之际。

解读

“辛亥革命永远是中华民族伟大复兴征程上一座巍然屹立的里程碑。”习近平总书记指出，辛亥革命极大促进了中华民族的思想解放，传播了民主共和的理念，打开了中国进步潮流的闸门，撼动了反动统治秩序的根基，在中华大地上建立起亚洲第一个共和制国家，以巨大的震撼力和深刻的影响力推动了中国社会变革，为实现中华民族伟大复兴探索了道路。

案例

孙中山：中国民主革命的先驱

波澜壮阔的历史长河中，激荡着无数英雄的浪花。孙中山先生，无疑是其中那澎湃夺目的一朵。

为推翻在中国延续两千多年的封建帝制，孙中山先生第一次喊出“振兴中华”的口号，首次提出以资产阶级民主共和国取代腐朽专制的清封建王朝的革命目标，并提出“三民主义”的伟大思想，展现了中华儿女为国家富强、民族振兴、人民幸福而矢志不渝、百折不挠、不懈奋斗的中国革命精神。

1866年，孙中山出生于广东的一个普通家庭。1875年，孙中山进入私塾读书，接受传统教育。因为早年跟随父亲往来澳门与内地，耳濡目染之间，他对西方文化也有所了解。1878年，12岁的孙中山随母赴檀香山，在长兄孙眉的资助下，先后在檀香山、广州、香港等地，比较系统地接受西方的近代教育。1883年，17岁的孙中山自檀香山归国，同年前往香港，开始了5年的学医生涯。

19世纪末期，中国已沦为半殖民地半封建社会，孙中山深知中华民族被西方列强瓜分的危险，决定抛弃“医人生涯”，进行“医国事业”。孙中山认为，相比于一般的官僚，李鸿章更富于革新思想。他希望能通过李鸿章，在清政府实行自上而下的社会改革。1894年1月，孙中山写下《上李鸿章书》，阐述了自己关于仿效西方政治制度以图中国富强的革新主张。只是，他不但没有见到李鸿章，还看到了更多清政府官员的腐败嘴脸，由此发生了思想的转变。

1894年11月，孙中山前往檀香山，在那里成立了兴中会，提出了“驱除鞑虏，恢复中华，创立合众政府”的主张，在中国第一次提出了建立民主共和国的纲领，由此完成了由改良主义者向民主主义者的伟大转变。

1895年2月，孙中山在香港和当地的一些爱国志士成立了辅仁文社，创办了香港兴中会。同年10月，孙中山秘密组织广州起义，但因为事情泄露而被迫流亡海外。1896年10月，在英国伦敦被清公使馆诱捕，经人帮助才逃过一劫。此后，孙中山致力于分析欧美国家的政治经济现状，努力寻找一条适合中国的道路，自此初步形成了三民主义思想。

1900年10月，孙中山组织了广东惠州三洲田起义，坚持奋战了半个月，最终因粮饷和武器不足而失败。

戊戌变法后，孙中山与康有为、梁启超等为代表的改良派也商谈过合作事宜，但是因为改良派保皇和反对革命的主张，最终谈判破裂。1904—1905年间，孙中山往返世界各地宣传革命，相继在比利时、德国、法国等国的留学生中建立了革命团体。1905年8月，资产阶级革命同盟会正式创立，推举孙中山为总理，他提出的“驱除鞑虏，恢复中华，创立民国，平均地权”的革命宗旨也被纳为同盟会的纲领。在同盟会机关报《民报》发刊词中，孙中山首次提出了民族、民权、民生这三大主义。同盟会的创立，有力地促进了全国革命运动的初步发展。

从1906年到1911年，同盟会曾在华南各地组织过多次武装起义，孙中山为起义制定了战略方针，同时在海内外奔走，为起义募集经费。1907年12月，孙中山亲临镇南关起义的战斗前线。尽管多次起义都因缺乏群众基础、组织不够严密而失败，但革命党人前仆后继、英勇战斗的精神也给清政府带来沉重打击，给全国人民以极大的鼓舞；特别是1911年4月27日爆发的广州黄花岗之战，更是在全国引起了巨大轰动。

1925年3月12日，孙中山先生因癌症在北京逝世。即使在逝世前夕，他仍然牵挂着自己毕生追求的革命事业。他在遗嘱中总结了40年的革命经验，并发出了“革命尚未成功，同志仍须努力”的伟大号召。

斯人已逝，精神不息，像孙中山先生一样的前行者们，他们为祖国和人民而追求的脚步，将前行不止。

第四章

铸造人格——立心 >>>

导语

伟大出自平凡，平凡造就伟大。只要有坚定的理想信念、不懈的奋斗精神，脚踏实地把每件平凡的事做好，一切平凡的人都可以获得不平凡的人生，一切平凡的工作都可以创造不平凡的成就。

青年人正处于学习的黄金时期，应该把学习作为首要任务，作为一种责任、一种精神追求、一种生活方式，树立梦想从学习开始、事业靠本领成就的观念，让勤奋学习成为青春远航的动力，让增长本领成为青春搏击的能量。

编者围绕坚持不懈、励志笃行、家教有方、无私奉献、踔厉奋发、艰苦奋斗、立志高远、坚定信念、坚守初心、敢为人先10个主题整理了习近平相关语录和用典，并配以拓展案例，引导广大青年要充分展现自己的抱负和激情，胸怀理想、锤炼品格，脚踏实地、艰苦奋斗，铸造人格、立心铸魂，以自身的奋斗诠释青年的责任和使命，不断书写奉献青春的时代篇章。

坚持不懈

勇立潮头、引领创新，是广大知识分子应有的品格。面对日益激烈的国际竞争，我们必须把创新摆在国家发展全局的核心位置，不断推进理论创新、制度创新、科技创新、文化创新等各方面创新。广大知识分子要增强创新意识，敢于走前人没有走过的路，敢于抢占国内国际创新制高点。要把握创新特点，遵循创新规律，既奇思妙想、“无中生有”，努力追求原始创新，又兼收并蓄、博采众长，善于进行集成创新和引进消化吸收再创新；既甘于“十年磨一剑”，开展战略性创新攻关，又对接现实需求，及时开展应急性创新攻关；既尊重个人创造，发挥尖兵作用，又注重集体攻关，发挥合作优势。要坚持面向经济社会发展主战场、面向人民群众新需求，让创新成果更多更快造福社会、造福人民。

——习近平在知识分子、劳动模范、青年代表座谈会上的讲话（2016年4月26日）

原典

十年磨一剑，霜刃未曾试。今日把示君，谁有不平事？

——［唐］贾岛《剑客》

释义

十年辛苦劳作，磨出一把利剑，剑刃寒光闪烁，只是未试锋芒。如今取出，给您一看，谁有不平之事，不妨如实告诉我。

解读

“为天地立心，为生民立命，为往圣继绝学，为万世开太平”，一个知识分子，不论在哪个行业、从事什么职业，也不论学历、职称、地位有多高，都需要秉持求真务实的精神，踏踏实实做好每一件平凡的事情；拥有“耐得住寂寞，守得住清贫，经得住诱惑”和勇攀高峰的钻研精神；年复一年，日复一日，始终发挥吃苦耐劳，勤于奔波的敬业品质和奉献精神。青年是中国特色社会主义事业接班人、是国家的未来和民族的希望。我们没有叱咤风云的人生经历，没有光鲜亮丽的丰功伟绩，但可以有一步一个脚印、兢兢业业的默默付出。我们唯有用自己专心于事业的素养和责任心，诠释对本职工作乐于奉献的真谛，才能谱写出如诗的青春乐章。

案例

“中国飞人”苏炳添

9秒83！苏炳添2021年8月1日在东京奥运会100米赛道上留下惊世一刻。在全网的欢呼声中，我们能看到的，不仅仅是中国人再次跑进了9秒区，打破了尘封已久的亚洲纪录，破天荒跑进了百米决赛，更是一个中国人“面壁十年”式的坚持和对自我的不断超越。这样的意义，已经超出了体育范畴。

苏炳添在中国短跑界的地位已经毋庸赘述，他是亚洲和全国男子百米纪录的保持者，曾两次闯进世锦赛百米决赛，曾率领中国男子接力队站上世界大赛领奖台，只是在奥运会的舞台，他始终有些遗憾。

2012年伦敦奥运会，苏炳添年仅22岁，那时候的他还未跑进10秒。首次站上奥运会的赛场，小组赛跑出10秒19，成为首位闯进奥运会男子100米半决赛的中国人，最终在半决赛跑出10秒28，无缘决赛。

2016年里约奥运会，苏炳添26岁，正值生涯巅峰期的他已经2次打开10秒大关。小组赛跑出10秒17，轻松闯入半决赛，半决赛将成绩提升至10秒08，依旧与决赛无缘。此前多次接受采访时，苏炳添都表示，他进入奥运会百米决赛的目标从未改变。

东京奥运会备战周期，苏炳添有过高峰——2017年世锦赛闯进决赛，2018年3次跑进10秒，两次跑出9秒91的亚洲纪录，也经历过2019年的小低谷和2020年的伤病期，真正来到奥运年，最强的苏炳添又回来了。

东京奥运会男子100米预赛跑出10秒05，这是他参加奥运会以来的个人最好成绩。半决赛，面对众多世界高手，苏炳添超越自我的同时，9秒83的成绩是新亚洲纪录，同时以半决赛第一的成绩闯进决赛。

2019年多哈世锦赛，苏炳添在小组赛和半决赛分别跑出10秒21、10秒23，没能实现连续3届世锦赛闯进决赛的壮举。从那以后，苏炳添一度遭遇伤病，并长时间远离百米赛道。悬在亚洲短跑选手头上“28岁定律”有着挥之不去的魔性：28岁被认为是一个无形的极限，由盛转衰的规律不可遏制。苏炳添状态持续低迷，在对未来感到深深迷茫的情况下，他考虑过退役。如果苏炳添坚持不到32岁或者28岁就转身离去，没有人会苛责。在很多人的认知里，黄种人能挑战的极限十分有限，坚守未必有意义，但苏炳添最终给出的答案是做个“固执的人”。

梦想的实现，浸透着奋斗的汗水。百米跑道上，运动员每快0.001秒都需要付出艰辛的努力。每一次自我超越，都离不开对梦想的执着和日复一日的坚持。每次站上赛场，苏炳添拿着卷尺测量起跑器距离的细节已经广为人知。而很多人看不到的是，训练场上他一遍又一遍地蹬踏起跑器，一次又一次地回看录像。压低身体向前，起身，冲出跑道，再回到起点，蹲身，冲出跑道……每个动作都全神贯注、精益求精，每场训练都全力以赴、力求突破。成千上万次的锤炼，最终成就了赛道上的成绩突破。

不过，苏炳添也不是只有一身“蛮力”。一心往前冲的他，同样重视专业训练、科技赋能的重要性。除了田径运动员，苏炳添还有一个重要的身份，那就是暨南大学副教授。这位跑得最快的大学教授，曾和团队写论文分析中国男子百米跑能跻身世界前列的原因。苏炳添在暨南大学开设的课程更是受到无数同学的追捧。“苏神”用自己的人生经历证明，掌握科学的方法才能做到事半功倍。正是一丝不苟的专业训练和极为自律的职业精神，让苏炳添能在30岁后依然在田径赛场上散发光芒，让世人瞩目。

除了个人项目，苏炳添还与谢震业、吴智强和汤星强组成中国男子4×100米接力队，参加了接力比赛。在东京奥运会男子4×100米的赛场上，中国队第四个冲过终点线，留下了遗憾。然而，很快英国选手乌贾由于药检，英国队被剥夺银牌，第四名的中国队递补获得了铜牌。2022年5月20日，继国际田联后，国际奥委会终于官方宣布，中国男子4×100米接力队递补获得东京奥运会铜牌！这是一枚迟到的铜牌，也是苏炳添梦寐以求的一枚奥运奖牌。作为队伍中的老将，东京奥运会可能是他最后一次亮相奥运赛场，苏炳添将自己的状态调整到了最好，就是为了冲击一枚奥运奖牌。一度相当可惜，但是现在，苏炳添没有遗憾了，拿下了奥运奖牌，而且留下了9秒83的优异成绩。

坚持不懈，不只在运动赛场。坚持付出，终有收获，那些超越自我、顽强拼搏的故事，必将激励我们以奋斗成就梦想，朝着更美好的生活努力进发。

励志笃行

广大青年要保持初生牛犊不怕虎的劲头，不懂就学，不会就练，没有条件就努力创造条件。“志之所趋，无远弗届，穷山距海，不能限也。”对想做爱做的事要敢试敢为，努力从无到有、从小到大，把理想变为现实。要敢于做先锋，而不做过客、当看客，让创新成为青春远航的动力，让创业成为青春搏击的能量，让青春年华在为国家、为人民的奉献中焕发出绚丽光彩。

——习近平在知识分子、劳动模范、青年代表座谈会上的讲话

（2016年4月26日）

原典

志之所趋，无远弗届，穷山距海，不能限也；志之所向，无坚不入，锐兵精甲，不能御也。

——［清］金缨《格言联璧·学问》

释义

志向所趋，没有不能到达的地方，即使是山海尽头也不能限制；意志所向，没有不能攻破的壁垒，即使是精兵坚甲也不能抵抗。

解读

广大青年要有不畏艰难、苦练本领的精神，埋头钻研、扎实工作，创造青春无悔业绩。作为新时代青年的我们心中要充满阳光、自信，坚定信念，脚踏实地，朝着目标不断奋进，锤炼过硬本领，成为德技双馨的社会主义合格建设者和接班人。

案例

鲁迅：忧国忧民的“民族魂”

鲁迅，一个耳熟能详的名字。他是中国的民族魂，是中国文学革命的主将，掀起了新文学的浪潮，为中国文学史掀开了崭新的一页。

鲁迅先生一生是努力的，他短暂的一生中至少写作和翻译了600万字，600万字是什么概念？倘若一个人不吃不喝不睡，一秒写一个字，也得需要将近五百个小时，鲁迅几乎每天都在挤时间。他说过：“时间就像海绵里的水，只要愿挤，总还是有的。”鲁迅的兴趣十分广泛，他对于民间艺术，特别是传说、绘画也深切爱好。正因为他涉猎广泛，多方面学习，所以时间对他来说，实在非常重要。他一生多病，工作条件和生活环境都不是很好，但他每天都要工作到深夜才肯休息。

在鲁迅的眼中，时间就如同生命。“美国人说，时间就是金钱。但我想，时间就是性命。倘若无端地空耗别人的时间，其实是无异于谋财害命的。”因此，鲁迅最讨厌那些成天东家跑跑，西家坐坐，说长道短的人，在他忙于工作的时候，如果有人来找他聊天或闲扯，即使是很要好的朋友，他也会毫不客气地对人家说：“唉，你又来了，就没有别的事好做吗？”

鲁迅先生从小认真学习。少年时，他在江南水师学堂读书，第一学期成绩优异，学校奖给他一枚金质奖章。他立即拿到南京鼓楼街头卖掉，然后买了几本书和一串红辣椒。每当晚上寒冷时，夜读难耐，他便摘下一个辣椒，放在嘴里嚼着，直到辣得额头冒汗。他就用辣椒驱寒的办法坚持读书。

鲁迅曾制作过一张书签，中间竖着书写“读书三到：心到，口到，眼到”10个字，夹在书页里。读书时，每读一遍书，他就自上而下在书签上的这10个字旁边做标记，书读了几遍，一目了然。这个办法同学们很赞赏，大家都纷纷仿效起来。

有的同学整天只想着玩，常常背着老师拉别人一起玩。鲁迅为防止同学影响自己的学习，就在书桌的左上角贴了一张三寸长二寸阔的红纸条，纸条上写着“君子自重”4个字。

鲁迅12岁在绍兴城读私塾的时候，父亲正患着重病，两个弟弟年纪尚幼，鲁迅不仅经常上当铺，跑药店，还得帮助母亲做家务，为避免影响学业，他必须作好精确的时间安排。有一次，因多做了些家务，读书迟到了，受到老师的责备，他就在书桌的右下角用小刀刻了个“早”

字，用以鞭策自己。此后，他就再也没有迟到过。

“横眉冷对千夫指，俯首甘为孺子牛”，鲁迅用手中的笔写出数百万字的著作，刻画了无数人物，传达出时代的精神，在后人眼中，他是刚毅坚强的“民族魂”。小时候的鲁迅是个很活泼的孩子。他的童年有从乌篷船里听到的悠扬社戏的声音，有船内与小朋友们分享从自家地里“偷”来的豆子的甜美滋味，有“百草园”里会弹琴的蟋蟀、会唱歌的油蛉、碧绿的菜畦、紫红的桑葚，还有那人首蛇身的“美女蛇”的传说……鲁迅的童年是丰富而自由的，这样的童年，无疑对他的创造力与想象力的培养起到了很大的作用。

月有阴晴圆缺，人有旦夕祸福，鲁迅的童年也并非一帆风顺。13岁那年，祖父因故入狱。不久后，父亲病重，整个家庭更是从小康陷入了困顿。作为长子的鲁迅，担起了家庭的重担。他经常出入于当铺与药店，当了家里的东西，才能换回买药治病的钱。当铺伙计的眼神和周围人的歧视让鲁迅第一次充分地感受到社会的冷酷与势利。由于家境大不如前，为了省钱，鲁迅便自己寻药。那时候绍兴城里的人们时常见到一个半大的孩子在翻百草园的土地，寻找可以做药引的蟋蟀。他或是四处打听，只为寻找药方上那一味奇特的“平地木十株”。然而，他的努力也没能改变痛心的结果，鲁迅的父亲最终因庸医的延误而离世。这一变故让少年鲁迅的思想受到了很大震撼，他开始了对人世与人心的思考。

1898年，年仅18岁的鲁迅怀揣着梦想离开了家乡，到异地去寻求新的出路。他先后进入南京水师学堂和路矿学堂求学。

鲁迅虽然在批判国人的麻木不仁时是犀利无情的，但他的一生中始终关怀着代表中国未来的青年。鲁迅在绍兴府中学堂工作时，曾把他从日本带回来的长泽龟之助撰写的《代数学辞典》等三本精装的数学书籍赠给青年学生王铎中，并对他说:“你年纪轻，记性好，要抓紧时间多看些书。看书的面也可广一点，基础广而坚实，专也就容易了。”

1927年4月15日，广州狂风大作，暴雨倾盆，老天似乎也感受到了这一天里整个城市的不安。就在三天前，国民党在广东大肆追捕杀害共产党人，中山大学也遭到了军警的搜捕，许多师生被捕。

在这段风雨交加的路上，鲁迅匆忙从中山大学的白云楼赶到会议室，紧急召开会议。他如此急迫是因为救援青年学生的事情迫在眉睫，但情况却不容乐观。这次会议并没有得出营救学生的有效方案。回到住所的鲁迅一言不发，心中的苦闷无法舒缓。学生被捕以及惨遭杀害的坏消息不断传来，身为教务主任却无法营救自己学生的鲁迅深深陷入痛苦之中。在这之后，鲁迅辞去中山大学一切职务。

1927年10月，鲁迅来到上海并在此定居，集中精力从事革命文艺运动。中国左翼作家联盟、中国自由运动大同盟等许多革命社团都有他的身影，《前哨》《奔流》《萌芽月刊》等许多刊物都有他的笔迹。他始终与广大革命的、进步的文艺工作者一起，为民族独立和人民的幸福呐喊。

家教有方

家庭是人生的第一个课堂，父母是孩子的第一任老师。孩子们从牙牙学语起就开始接受家教，有什么样的家教，就有什么样的人。家庭教育涉及很多方面，但最重要的是品德教育，是如何做人的教育。也就是古人说的“爱子，教之以义方”，“爱之不以道，适所以害之也”。青少年是家庭的未来和希望，更是国家的未来和希望。古人都知道，养不教，父之过。家长应该担负起教育后代的责任。家长特别是父母对子女的影响很大，往往可以影响一个人的一生。中国古代流传下来的孟母三迁、岳母刺字、画荻教子讲的就是这样的故事。我从小就看我妈妈给我买的小人书《岳飞传》，有十几本，其中一本就是讲“岳母刺字”，精忠报国在我脑海中留下的印象很深。作为父母和家长，应该把美好的道德观念从小就传递给孩子，引导他们有做人的气节和骨气，帮助他们形成美好心灵，促使他们健康成长，长大后成为对国家和人民有用的人。

——习近平在会见第一届全国文明家庭代表时的讲话

（2016年12月12日）

原典

爱子，教之以义方。——［春秋］左丘明《左传·隐公三年》

爱之不以道，适所以害之也。——［宋］司马光《资治通鉴》

释义

“爱子，教之以义方”。“方”是道，“义方”是道义，意思是如果一个人真的爱自己的孩子，那就应当用道义来引导他。

“爱之不以道，适所以害之也”。如果你不用道义来爱孩子，那不是爱孩子，反而是害了他。

解读

从《左传》到《资治通鉴》，中间隔了约1500年，这两句话一正一反说的是同一件事：我们应当怎样爱孩子，什么样的爱才是真正对孩子有好处的父母之爱。“家庭是人生的第一个课堂，父母是孩子的第一任老师”，有什么样的家庭教育就会成就什么样的儿女，所以家庭教育对父母来说，要把好的品德、习惯传递给孩子，给孩子以正确的引导，让他们树立正确的世界观、人生观和价值观。家长应该担负起教育后代的责任。家庭教育涉及很多方面，但最重要的是品德教育。

因此，做父母的都应该把好的道德品质传递给孩子，把满满的正能量传递给孩子。好家风是一代一代传承下来的，春风化雨，润物无声，影响着子孙后代。

案例

林则徐及后人的家风故事

林则徐纪念馆位于福建省福州市鼓楼区澳门路16号，这里曾是林家子弟读书学习的地方。这是一座古典园林建筑，包含假山、花木、鱼池、草坪等诸多元素。

走进纪念馆，有一条石铺甬道通向“御碑亭”。亭前有一副楹联，“苟利国家生死以，岂因祸福避趋之”。这是1842年8月林则徐被发配伊犁充军，路上经过西安时，与家人道别时写下的。寥寥数语，淋漓尽致地展现了林则徐的磊落胸怀、爱国之情和责任担当。这也是林则徐一生的写照。多年来，林家子孙更是将此联奉为重要家训之一。

诗书继世　情怀始渐

林则徐（1785—1850年），字元抚，清朝中后期著名的政治家、民族英雄。他的父亲林宾日是一个书生，靠在私塾教书勉强维持家里的生计。但是，林则徐的父母始终重视对孩子的教育。

林则徐还只有4岁时，他的父亲便教他四书五经。启蒙教育奠定了林则徐最初对世界的认知。他的母亲是位“幼读书，通晓大义，勤于女红”的女性。尽管一家人过着清贫的生活，但她对儿子的要求是：“男儿务为大者、远者，岂以是琐琐为孝耶？读书显扬，始不负吾苦心矣。”每天早晨，林则徐就随父亲到私塾去读书，晚上回到家中，兄弟们围在一张小小的桌子边读书，母亲与姊妹在另一边做针线活。从小的家庭环境与教育，养成了林则徐勤奋好学、坚毅向上的品行，读书、爱书伴其一生。

林则徐13岁时，进入鳌峰书院学习。在郑光策老师的教导下，他开始深入学习中华民族优秀的传统文化。七年时间里，林则徐研读了儒家经典以及朱熹、陆九渊、王阳明等人的著作，诵读先秦诸子著作及《史记》《汉书》等史书，以及历代文集、笔记、佛经、医书等。这些诵读让他储备了深厚的文化知识，为其研究西方文化打下了良好的基础，也使他形成了“海纳百川”的气度。

言传身教　承家报国

林则徐，曾五任总督、两任钦差大臣，仕途生涯跌宕起伏，但他一直坚持教诲子女。

林则徐对子女的起码要求是读书明理。“桃李不言，下自成蹊”。在子女的读书方面，他特别注重以身示范，正可谓“在官时无日不读书，暇手一编，数十年寒暑不辍”。前往广东禁烟时，林则徐曾带着共四千六百余斤的行李赴广东禁烟，这其中绝大多数是书籍。即使是在他流放到新疆时，他也坚持带着书籍。这种时时带书、有空就读书的做法为他教育子女作出了最好的示范。他也注意与家人和孩子进行沟通，孩子们经常把诗文习作和书法寄给他点评，林则徐无论多忙都会抽空回信给予悉心指导。

林则徐也很注意教育子女知进退，懂取舍。1839年，作为钦差大臣的林则徐到达广州后，在写给夫人的信中说道：“做官不易，做大官更不易。人以吾奉命使粤，方纷纷庆贺。然实则地位益高，生命益危……务嘱次儿须千万谨慎，切勿恃有乃父之势，与官府妄相来往，更不可干预地方事务。”他也写信告诫在京做官的长子林汝舟：“服官时应时时作归计，勿贪利禄，勿恋权位；而一旦归家，则又应时时作用世计，勿儿女情长，勿荒弃学业，须磨砺自修，以为一旦之用。”进退之间，都是为了国家和民族的利益。在林则徐的教导下，林汝舟、林聪彝、林拱枢，他的这三个儿子都是为官清廉，政绩显著。

德厚流光　百年传承

时光荏苒，林则徐的子孙后辈们牢记祖训，勤奋上进、克己奉公，不计较个人得失，在各自的岗位上都做出了不错的成绩。

林则徐的五世孙林墨卿，后更名凌青。在他就读于燕京大学时，就参加了中共地下组织，1941年加入中国共产党。战争时期，凌青曾在中共中央军委办公厅外事组工作，负责美军观察组的接待和翻译，还曾担任毛泽东、刘少奇、朱德等老一辈革命家的英语译员。1946年8月，毛泽东在延安与美国著名记者安娜·路易斯·斯特朗谈话，凌青就担任了这次谈话的现场翻译。20世纪70年代初，凌青参与了使中美关系解冻的“乒乓外交”。这是一场闪电式的“乒乓外交”，凌青负责中国方面具体实施这一外交任务。凌青亲自到机场巡行检查，当他看到机场醒目处挂着一条“全世界人民团结起来，打败美国侵略者及其一切走狗”的巨幅标语时，立马觉察到这与当天的外交活动极不协调。而美国代表团乘坐的飞机即将降落在北京机场，凌青果断下达命令：“取下!出了问题由我负责。”在当时极“左”思潮的年代，这是需要极大勇气与魄力的。这也正生动体现和诠释着“岂因祸福避趋之”这一家训。

林则徐的精神财富一直滋养着林家的子孙后代。林则徐的六世嫡孙女林岷是中国戏曲学院研究员、教授。在父母的教导下，她从小就养成了勤奋读书的好习惯，除了完成日常的教学任务，还撰写了《中国大事本末》《中国文化史概述》等多部著作。同时，她还热衷投身社会实践，竭尽全力为国家做贡献。澳门回归前后，林岷先后组织了七个艺术团体赴澳门演出，营造了非常好的氛围。

无私奉献

老师肩负着培养下一代的重要责任。正确理想信念是教书育人、播种未来的指路明灯。不能想象一个没有正确理想信念的人能够成为好老师。唐代韩愈说："师者，所以传道授业解惑也。""传道"是第一位的。一个老师，如果只知道"授业"、"解惑"而不"传道"，不能说这个老师是完全称职的，充其量只能是"经师""句读之师"，而非"人师"了。古人云："经师易求，人师难得。"一个优秀的老师，应该是"经师"和"人师"的统一，既要精于"授业""解惑"，更要以"传道"为责任和使命。好老师心中要有国家和民族，要明确意识到肩负的国家使命和社会责任。

——习近平在"做党和人民满意的好教师——同北京师范大学师生代表座谈会"上的讲话（2014年9月9日）

原典

魏帝诏曰："经师易求，人师难得。朕诸儿稍长，欲令卿为师。"于是亲幸晋王第，敕晋王以下，皆拜之于帝前。因赐名曰诞。加征东将军、散骑常侍。太祖又以诞儒宗学府，为当世所推，乃拜国子祭酒。

——［唐］令狐德棻主编《周书·列传·卷四十五》

释义

经师：传授经书的大师或师长。人师：德行学问等各方面可以为人表率的人。“经师易遇，人师难遭”或“经师易求，人师难得”，当是古代流行的俗话。意思是说能讲解经书的教师容易遇到、找到，能以人格品行影响学生，教育学生怎样做人的老师很难遇到和找到。这两句话强调的是，老师对书本知识的精通固然重要，但更重要的是要有高尚的品格和德行。

中国古代把教师分为“经师”与“人师”两类。关于二者的区别，南宋史学家胡三省称：“经师，谓专门名家，教授有师法者；人师，谓谨身修行，足以范俗者。”

解读

一个优秀的老师，应该是“经师”和“人师”的统一，既要精于“授业”“解惑”，更要以“传道”为责任和使命。好老师心中要有国家和民族，要明确意识到肩负的国家使命和社会责任。师者为师亦为范，学高为师，德高为范。老师对学生的影响，离不开老师的学识和能力，更离不开老师为人处世、于国于民、于公于私所持的价值观。因此，好老师应该取法乎上、见贤思齐，不断提高道德修养，提升人格品质，切实做到政治要强、情怀要深、思维要新、视野要广、自律要严、人格要正。

案例

张桂梅：成就学生　奉献教育

有这样一位老师，她用12年的拼搏、无私付出赢得了名师的声誉，网友们亲切地称她为“燃灯校长”，她就是家喻户晓的张桂梅老师，曾荣获全国五一劳动奖章、全国三八红旗手、中国十大女杰、全国优秀教师、全国优秀共产党员、时代楷模 、感动中国人物、七一勋章等荣誉。

2002年，张桂梅在云南儿童之家工作，看到了很多农村贫困家庭的不幸，她很想为解决山区贫困问题做点事情，经过反复思考，她决定创办一所免费女子高中。说干就干，为了筹集资金，她四处奔波，争取多方支援，辛苦努力了五年也才只筹集到1万元。2008年，经多方努力，全国唯一一所免费女高——华坪女子高级中学成立，仅供贫困家庭的女孩读书。建校以来，已有2000余名贫困家庭的女孩子从这里毕业，并进入大学完成学业，在全国各地、各行各业做出各自的贡献。

成功的背后是张桂梅老师无数个日夜的坚守、默默付出，是常人难以想象的艰辛与不易。

感动中国人物颁奖现场，让人印象最深刻的是张桂梅老师的双手。因为关节疼痛，她手上贴满了膏药，不仅如此，张桂梅每天还要吃各种药，早上十多种药，中午五种药……白岩松说：“大姐这是在拼命啊。”张桂梅说：“拼就拼一点吧，现在是当妈的感觉……”

张桂梅老师数十年如一日，不求回报，用实际行动诠释了一位伟大的教师、优秀的校长和暖心的妈妈。

坚持家访，像关心自己孩子一样关怀学生

张老师尽管身体不是特别好，但还是坚持要去到每一个孩子家中。从寒假的第一天开始，她就把行程排得满满的，她说："要安排得再紧凑些，否则时间不够用啊。"华坪女高的学生，不仅来自华坪县，还有一些来自永胜、宁蒗、玉龙等县区，大多住在比较偏远的村里。

"13年了，（走访）这个传统不能断！我习惯了，能坚持！"张桂梅坚定地说道。一个月的时间，她已走访了宁蒗、永胜、华坪三县边远的乡镇村组，最远到了宁蒗县烂泥箐乡烂泥箐村、永胜县羊坪乡水柯乐村猪场小组和羊坪乡落雪坪村阿木湾下村。有些学生住得实在太偏远，记得有一次，她花了一整天的时间才只到了羊坪乡两个女孩的家。

他的同事评价她："她现在浑身上下都痛，有时候走路还要人扶。有的东西不能用钱来衡量。她为孩子们的付出，是真的把命搭进去了。"

张桂梅老师每天只睡4个多小时，是全校起床最早的人，每天5点钟就起床，为的是给学生们点亮下楼梯的路灯，因为以前有孩子在那里摔过。

有时候半夜学生生病，被紧急送往医院，她就担心得整宿睡不着，直到接到老师报平安的电话。刚要睡下，天就已经亮了。

培养好每个学生　不放弃一个孩子

由于华坪女高有很多孩子来自一些特殊的家庭，如单亲、孤残、重病……。学校根据实际情况，按300元、500元、800元等不同金额，给予这些生活困难的孩子补助。低保户子女、建档立卡户子女、残疾学生及残疾人子女、农村一般家庭经济困难学生都能足额享受到国家助学金。张老师熟悉每个孩子、每个家庭，能够精准帮扶到每一位需要资助的孩子，工作做得很细致，很暖心，得到了大家的一致认可。

一名高一女生成绩下滑，情绪低落，张桂梅发现后，就让她同自己住一屋，究其原因，是因为家里父母常闹矛盾，张桂梅三次登门拜访，帮助调解，终于让全家和好，女孩心情也好了，专心投入学习。

“我要救这个孩子!培养好一个孩子，最少可以改变三代人的命运!”张桂梅经常这样说，也是用这样的信念支撑着自己坚持走下去，尽可能地去帮助到更多的孩子。

养成孩子健康习惯　树立学生生活态度

华坪女高刚开始第一年招生时，只有100人，大部分学生来自偏远山区，很多没有达到普通高中录取分数线，还有一些残疾学生、单亲家庭学生、孤儿、父母残疾的学生和下岗职工子女。但只要是女孩，只要还想上学，华坪女高都向她们敞开怀抱。三年后，她们中有96人坚持到最后参加高考，全部考上了大学。自2011年有首届毕业生以来，学校综合排名连续10年位列丽江市一区四县榜首。

女高的一切，无论学习还是生活节奏，都是迅速且高效的。可以说，每一天都在上演“速度与激情”：她们早晨五点半起床，跑步上下楼梯，课间操要在1分钟内集合完毕；晨起的洗漱时间，她们只有5分钟；下课铃响起时，跑到食堂排队、打饭，到吃完饭，过程只有10分钟。

“再坚持一下”，这是华坪女高的高频词。曾在女高考察的华坪县官员刘安萍回忆说，有一次，女高一个学生对她说，开学刚进女高的时候，觉得节奏好快，自己完全跟不上，有点崩溃的感觉，每当这时，师友们就对她说，坚持一下，再坚持一下。

坚持的不只是女孩们，还有张桂梅。实际上，张桂梅是起得最早、睡得最晚的那个人。每天早上，在学生们起床前，她要把教学楼的灯点亮，“因为姑娘们怕黑”。她手上拿着小喇叭，一遍一遍叫她们起床。

华坪女高学生基础不太好，要想考上大学，每一位学生必须加倍努力，她们不仅要学习新知识，还要补之前落下的课；更重要的是，必须用三年时间完成这一切，不多付出一些、不严厉一些能行吗？

张桂梅老师用一个个严苛到分秒的要求，改变着这些女孩的生活习惯和生活态度。

不占用孩子艺术课时间　丰富学生的精神世界

华坪女高的学习生活时间安排得再紧张，也从不占用音乐课，学生唱歌、跳舞的时间得到了足够的保障。

每天上午10点，是红色课间操时间。20分钟里，孩子们先集体背诵《七绝·为女民兵题照》，再唱跳《红色娘子军》等革命歌曲编成的健身舞。高频率的红色教育是这所女高的特色之一。在华坪女高的日子，她们每天唱一支革命歌曲，听一则革命经典故事，每周还要看一部红色电影。这是张桂梅教给她们的信仰，同时，信仰带给她们坚持的力量。2020年，张桂梅听说城里的孩子都在跳“鬼步舞”，也让女高的学生学着跳：“‘鬼步舞’有一个好处就是快，‘快’对她们有帮助，可以提精神。”

陈法羽是女子高中的第二届毕业生，云南警官学院毕业后，她成为永胜县公安局三川派出所警察。她至今清楚地记得，开学第一天，同学们就学唱“红米饭，南瓜汤”。唱完，张桂梅就语重心长地说：“现在，我们学校的条件还很艰苦，但比起红军长征时吃草根、吃树皮已经不知道要好多少倍。我们要学习革命先辈百折不挠的奋斗精神，倍加珍惜来之不易的学习机会，努力学习。”

每届学生都像陈法羽一样接受红色教育，通过一起唱红歌、一起跳红色舞蹈、一起朗诵红色经典、一起重温入团誓词、一起观看红色电影等活动，在红色氛围中，感受到爱国主义和集体主义，坚定共产主义信念。在红色教育的熏陶下，女子高中的孩子们展现出不一样的精气神。这使张桂梅感到特别高兴，她说："课间或是开展活动时，看着着装整齐、朝气蓬勃的女孩子别提有多高兴了。"

这些年来，张桂梅将自己的工资、各级政府给她的奖金，甚至是大家筹集给她看病的100多万元全部捐给了华坪贫困山区的教育和社会事业。她个人没有任何财产，却说："我什么都有，我心里有学校、有千千万万个孩子。"

踔厉奋发

“天地英雄气，千秋尚凛然。”一个有希望的民族不能没有英雄，一个有前途的国家不能没有先锋。包括抗战英雄在内的一切民族英雄，都是中华民族的脊梁，他们的事迹和精神都是激励我们前行的强大力量。

——习近平在颁发“中国人民抗日战争胜利70周年”纪念章仪式上的讲话（2015年9月2日）

原典

天地英雄气，千秋尚凛然。势分三足鼎，业复五铢钱。得相能开国，生儿不象贤。凄凉蜀故妓，来舞魏宫前。

——［唐］刘禹锡《蜀先主庙》

释义

先主刘备英雄气概充满天地，千秋万代一直令人肃然起敬。建国与吴魏三分天下成鼎足，恢复五铢钱币志在汉室振兴。拜诸葛亮为丞相开创了国基，可惜生个儿子不像其父贤明。最凄惨的是那蜀宫中的歌伎在魏宫歌舞。

解读

英雄气概可谓顶天立地，经历千秋万代威风凛凛至今依然，让我们大力赞誉英雄，鄙薄庸碌。崇尚英雄才会产生英雄，争做英雄才能英雄辈出。每一个时代的英雄模范们用行动再次证明，伟大出自平凡，平凡造就伟大。只要有坚定的理想信念、不懈的奋斗精神，脚踏实地把每件平凡的事做好，一切平凡的人都可以获得不平凡的人生，一切平凡的工作都可以创造不平凡的成就。新时代的青年，要牢记习近平总书记的教诲，踔厉奋发，笃行不怠，潜心钻研，踏实肯干，像英雄模范那样坚守、像英雄模范那样奋斗，共同谱写新时代人民共和国的壮丽凯歌！

案例

李保国：太行山上的教授

他是教授，又是农民；他是“财神”，又是愚公。

他俯下身子为群众脱贫觅出路，用科技把荒山秃岭抛进历史，把绿水青山留给未来。

他生前吃着馍就白开水当餐饭，用担当让贫穷困苦成为过去，让富裕文明渐成现实。

人们声声呼唤着他的名字：李保国。

在高矗山巅的丰碑里，在刻进石头的名字里，在烙在心田的话语里，在山花烂漫的太行山里……

我们听到了回音。

“土”出了名的教授

李保国的“土”是出了名的。

第一次见李保国，平山葫芦峪农业开发股份有限公司董事长刘海涛都懵了。刘海涛回忆说，当时邀请李保国教授来指导工作，结果车上走下来两个人，一看全都土了吧唧的，“我当时想到底哪个才是教授呢?”

感到惊讶的不止刘海涛一个，太行山区许多百姓都曾调侃，“他比我们农民还像农民”。“稀疏的头发打着卷儿，皱巴巴的裤腿沾满泥土”曾是媒体描绘李保国教授的一个标准画像。

对于自己的“土”，李保国教授曾有另一番解读：“跟农民说话就得通俗易懂，满嘴是术语，谁还听你的?”

“用农民的语言和他们交谈，传播新技术”是李保国帮助山区群众脱贫的一大心得。不光“土”，在山区百姓眼里，李保国教授还是个“杠头”。

刚到内丘县岗底村发展苹果产业的时候，李保国曾指导乡亲们对果树进行修剪，不过对于这种做法，村民们都不理解。村民王群书说：“以前种树都是自然成长，不修剪、不疏果。论筐卖一筐值不了几个钱，也就十块八块的。李老师来了以后让我们疏果，我们不疏果他就盯着我们。我们正愁花、愁果呢！他说你自己忙不过来，你雇人也得给我疏果。”

“李保国脾气比较硬，常说‘必须听我的’‘我的技术必须落到实处’，只要是对的，他就坚持。”岗底村党总支书记杨双牛说，“其实杠头没什么不好，杠头是为了让技术落到实处，最后产生效益，结果就是带动了山区百姓脱贫致富。”

多年来，李保国教授共开展培训800余次，培训人员9万余人（次），经他培训的许多果农，如今都成了四里八村的技术把式。对此，他曾自豪地说：“这辈子最过瘾的就是干了两件事，一是把我变成了农民，二是把越来越多的农民变成了‘我’。”

他的足迹遍布河北邢台县、内丘县、临城县、易县、平山县等太行山扶贫基地的现场，他的交通工具囊括了火车、汽车、拖拉机、摩托车、自行车等，他一年中200多天都奔波在扶贫一线上。

爱国主义精神激励着中华儿女，幸福是奋斗出来的，新时代是奋斗者的时代

30多年来，李保国不懈地努力着，直接帮扶村庄40多个，间接带动百余村庄发展，技术示范推广总面积上千万亩，先后取得研究成果28项，推广36项实用技术，使山区增收35.3亿元，他用科技之手，点亮了前南裕生态经济沟，富岗苹果、绿岭核桃等一串闪光的名字。在旁人看来，哪怕建好一个科技扶贫基地都不容易，可他却让星星之火成燎原之势：10万亩苹果生产基地、百里核桃产业带、万亩现代农业科技产业园……

李保国作为大学教师，30多年来，他始终坚守“三尺讲台”，把培养学生作为自己的基本职责。他不仅培养了67名硕士、博士，而且坚持长期为本科生上课，有人劝他为本科生上课“意思”一下就可以了，但他不同意。他把“三尺讲台”和“田间地头”紧密结合，用新的科研成果更新教学内容，他主讲的课程生动、形象，实践性强，接“地气”，深受学生欢迎。他把学生“赶”到田间地头，把所学知识与生产实践相结合，在手把手的实践教学中提高学生的创新创业能力。他注重言传身教，用知识魅力和人格魅力教育影响学生。学生说，李老师不仅是知识的传授者，而且是人生的引路人。

2016年，习近平总书记对李保国同志先进事迹作出重要批示指出：李保国同志35年如一日，坚持全心全意为人民服务的宗旨，长期奋战在扶贫攻坚和科技创新第一线，把毕生精力投入到山区生态建设和科技富民事业之中，用自己的模范行动彰显了共产党员的优秀品格，事迹感人至深。李保国同志堪称新时期共产党人的楷模，知识分子的优秀代表，太行山上的新愚公。广大党员、干部和教育、科技工作者要学习李保国同志心系群众、扎实苦干、奋发作为、无私奉献的高尚精神，自觉为人民服务、为人民造福，努力做出无愧于时代的业绩。

艰苦奋斗

广大青年一定要矢志艰苦奋斗。“宝剑锋从磨砺出，梅花香自苦寒来。”人类的美好理想，都不可能唾手可得，都离不开筚路蓝缕、手胼足胝的艰苦奋斗。我们的国家，我们的民族，从积贫积弱一步一步走到今天的发展繁荣，靠的就是一代又一代人的顽强拼搏，靠的就是中华民族自强不息的奋斗精神。当前，我们既面临着重要发展机遇，也面临着前所未有的困难和挑战。梦在前方，路在脚下。自胜者强，自强者胜。实现我们的发展目标，需要广大青年锲而不舍、驰而不息的奋斗。

——习近平在同各界优秀青年代表座谈时的讲话（2013年5月4日）

原典

有田不耕仓廪虚，有书不读子孙愚。宝剑锋从磨砺出，梅花香自苦寒来。少壮不知勤学苦，老来方悔读书迟。

——［明］冯梦龙《警世贤文·勤奋篇》

释义

有田不耕仓库就会空虚，有书不读子孙就会愚笨。宝剑的锐利刀锋是从不断的磨砺中得到的，梅花飘香来自它度过了寒冷的冬季。喻义要想拥有珍贵品质或美好才华等是需要不断地努力，克服一定的困难才能达到的。少年时期不努力学习，到年老的时候才后悔自己年少时为什么不知道要勤奋学习。

解读

艰苦奋斗集中表现为不畏艰难、奋发图强、艰苦创业、争取胜利的思想品格、斗争精神、工作作风和生活态度。它诠释着党和人民事业兴旺发达的真谛逻辑，是我们党不断走向胜利、不断取得辉煌业绩、不断创造人间奇迹的宝贵精神财富。当代大学生应当弘扬艰苦奋斗精神，不畏艰险，不懈奋斗，用奋斗创造中华民族的美好未来，托起民族复兴的伟大梦想，不断给艰苦奋斗精神注入新时代内涵，在痛苦中磨炼自己，生命之火花才会闪烁。

案例

全红婵：水花的精灵

10米跳台决赛，五个动作三跳满分！2021年8月5日下午，在东京奥运会上，14岁少女全红婵一鸣惊人。作为中国奥运代表团最年轻的运动员，全红婵以创纪录的成绩夺得10米跳台冠军，让五星红旗高高飘扬在东京水上运动中心上空。

全红婵是幸运的，凭着天赋与努力，绽放出青春的光彩。而这成功的背后，有一个团队体系多年不辍的培养，有一家人温暖而坚定的支持，更有一个重视体育、珍惜人才的强大祖国。

全红婵出生于广东省湛江市一个极为普通的农村家庭，父母都是老实、本分的农民。父母之下，兄弟姐妹五人，她排行第三。母亲在2017年遭遇车祸后失去劳动能力，整个家庭的收入来源几乎全靠父亲。村干部介绍，2019年全红婵家被纳入低保户，每月按国家规定领取低保金。当地政府为全红婵的母亲办理了大病救助，每月发放残疾人补助。2020年全红婵母亲住院8次，医疗救助覆盖超过了总金额的90%。在村干部的带动下，不少村民还帮助她家里干些农活。得益于这些保障，全红婵家的日子虽然算不上富足，却也没有太多后顾之忧。

2014年5月，麻章镇迈合小学，正在和同学们做游戏的一年级学生全红婵吸引了湛江市体育运动学校跳水教练陈华明的目光。无论是跳皮筋还是跳格子，她的动作轻盈，每一步都跳得很稳。全红婵自愿报名后，湛江市体育运动学校的跳水教练安排学生进行立定跳远，测试身体素质，此时的全红婵展现出比同龄人更好的身体素质。

4个月后，全红婵到湛江市体校报到，开启了她与跳水的“旅程”。在这座封闭式管理的学校里，全红婵每天需要用三四个小时练习跳水。她为了实现“挣钱给妈妈看病”的目标，每天跳水300次。

天赋加上勤奋，为全红婵插上了梦想的翅膀，也让她拥有了飞快成长的经历。刚起步时，她还是个“旱鸭子”，不会游泳，但很快，这个活泼开朗的小姑娘就喜欢上了跳水。训练只能在露天跳水池进行，完全要看天的“脸色”，夏天打雷下雨不行、冬天太冷不行，全年只能训练7个月。

跳板是铁制的，夏天被晒得滚烫，全红婵只能用毛巾挤水给跳板降温，然后一次次迎着炫目的阳光，一跃入水。即便是如此艰苦的环境，全红婵在训练中的刻苦、认真慢慢表现出来了。全红婵是同伴中第一个登上3米板，接着是5米跳台、7米跳台……两年后，她又是第一个站在10米跳台上，毫不犹豫地跳下去。

全红婵说：“也没想那么多，眼睛一闭就跳下去了。”教练由此得出全红婵“胆子大”的结论。教练的赞许和鼓励、同伴羡慕的目光，让这个小姑娘懵懂地意识到自己可能“是这块料”，梦想的种子，就在此时悄然种下。

“别看她身形小，身体素质远胜同龄女孩甚至男孩，跑得最快，30米4.5秒，肋木举腿10个用时13秒，身体里蕴藏着与体型不相称的能量。”何威仪说。想家、会哭、畏惧，是每个孩子的必经之路，但全红婵目标明确，经过鼓励后，没有再退缩过。全红婵承认自己哭过，但次数不多。“我不是爱哭包。学新动作时也挺怕的，但我太喜欢跳水了，鼓励自己坚持。我想拿冠军，像大哥哥大姐姐那样。”大哥哥是指同样来自广东队的里约奥运会男子10米台双料冠军陈艾森和东京奥运会男子3米板双金得主谢思埸，大姐姐则是“跳水女皇”郭晶晶。

“教练经常说，大哥哥大姐姐都是榜样，再苦再累也要坚持。”有了心中的榜样，全红婵训练更加投入。练体能、练基本功、上翻腾器训练、一次又一次从高台跳下……陈华明坦言，全红婵的“水花消失术”有手型的先天优势，但更多的是来自后天的苦练。

2020年10月，在开赛前三周刚刚掌握5个全套比赛动作的全红婵首次代表广东队出战全国跳水冠军赛并一举夺金。此后她的每一次亮相，带来的都是惊叹号，在三站奥运选拔赛中两夺冠军，以总积分第一的成绩获得奥运会参赛资格。

2020年年底全红婵进入国家队，由于疫情期间阵容精简，队里特意指派专人在生活中引导她，由经验丰富的广东籍队医负责康复，再加上教练的专业指导，全红婵渐入佳境。

在全红婵问鼎奥运冠军的背后，是体校、地方队和国家队环环相扣、层层递进，是多位教练科学训练、悉心呵护，让天赋与努力最终完美结合，成就那一方碧池里惊艳世界的水花。

希望那些奥运会带来的光环与喧嚣，在她登上10米跳台的一刹那，都会安静退去，只待那发力的一跃，化作水花的精灵。

立志高远

新时代中国青年要树立远大理想。青年的理想信念关乎国家未来。青年理想远大、信念坚定，是一个国家、一个民族无坚不摧的前进动力。青年志存高远，就能激发奋进潜力，青春岁月就不会像无舵之舟漂泊不定。正所谓“立志而圣则圣矣，立志而贤则贤矣”。青年的人生目标会有不同，职业选择也有差异，但只有把自己的小我融入祖国的大我、人民的大我之中，与时代同步伐、与人民共命运，才能更好实现人生价值、升华人生境界。

——习近平在纪念五四运动100周年大会上的讲话

（2019年4月30日）

原典

故立志而圣则圣矣，立志而贤则贤矣。志不立，如无舵之舟，无衔之马，漂荡奔逸，终亦何所底乎？

——［明］王阳明《教条示龙场诸生》

释义

立志成为圣人，砥砺精进，就有可能成为圣人；立志成为贤人，就有可能成为贤人。反之，志向不树立，就像没有舵的船，没有嚼子的马一样，随水漂流，任意奔逃，终究达不到目的。

解读

王阳明曾经说过，人生须立志，立志当高远。人生在世，需要树立一个远大的志向，然后朝着目标前行，这样的人生才充满意义。作为新时代大学生应当志存高远，树立远大理想，涵养崇高追求，勇敢地担起实现中华民族伟大复兴的时代责任。不断增长知识，锤炼品德，自觉践行社会主义核心价值观，让青春在时代进步中焕发出绚丽的光彩。我们要将个人的理想追求融入民族复兴伟大理想，为党、为祖国、为人民多做贡献，以自身的奋斗诠释青年的责任和使命。

案例

黄文秀：用生命谱写青春之歌

电闪雷鸣、暴雨如注，滚滚洪流扑面而来——这是广西壮族自治区百色市委宣传部干部、乐业县新化镇百坭村第一书记黄文秀生前传回的最后画面。

2019年6月17日凌晨，一心牵挂着村里灾情的黄文秀，在开车赶回村里的途中遭遇山洪，不幸牺牲。这个30岁的年轻姑娘，将生命永远定格在扶贫路上。

1989年，黄文秀出生于百色市田阳县一个农民家庭，2008年考入山西长治学院，2011年加入中国共产党。2016年，黄文秀从北京师范大学硕士毕业后，考取广西定向选调生，回到家乡工作。虽然黄文秀的家庭并不富裕，父亲身患重病，但是黄文秀总是乐观开朗，积极向上。2018年3月，她主动请缨到百坭村担任第一书记，带领贫困群众脱贫。

百坭村是个深度贫困村，全村472户中有贫困户195户，且全村11个自然屯散落在大山深处，有好几个屯离村委会10公里以上。“穷了那么多年，能脱贫吗?”“一个女娃娃，能行吗?”……面对村民的质疑，黄文秀没有退缩：贫困户一次不让她进家门，她就去两次、三次；到了贫困户家里，她不再问东问西，而是脱下外套帮忙扫院子；贫困户不在家，她就去田里，边帮他们干农活边聊天。

“你这个女娃娃还真是难缠哩!”慢慢地，黄文秀的热情打动了大家，村民们接受了她。

为了解决村里的道路问题，她实地勘察，带着村干部做方案、拿对策，积极推进；为了解决山里的产业问题，她和群众一起学经验、找路子，发展杉木、砂糖橘、八角、枇杷等特色产业。为了打开销售渠道，她带着全村发展电商，销售农产品，打开销售市场。

黄文秀驻村当第一书记期间，一心为民，把扶贫路当作长征路，用一腔热血、一片赤诚践行着共产党人共同的誓言。她始终把群众的安危冷暖装在心间，迎难而上，推动实施百坭村屯量化、道路硬化和蓄水池修建等工程项目，带领群众发展多种产业，为村民脱贫致富倾注了全部心血和汗水。黄文秀到任时，百坭村的贫困发生率为22.88%；2018年，百坭村103户贫困户顺利脱贫88户，全村贫困率下降20%以上。

翻开黄文秀的入党申请书，其中写道："一个人要活得有意义，生存得有价值，就不能光为自己而活，要为他人、为国家、为民族、为社会，用自己的力量，努力做出贡献。"这份庄严承诺，黄文秀始终践行，直至生命最后一刻。

黄文秀牺牲后，被追授"时代楷模""全国三八红旗手""全国脱贫攻坚模范"等荣誉称号。习近平总书记对她的先进事迹作出重要指示，强调黄文秀同志研究生毕业后，放弃大城市的工作机会，毅然回到家乡，在脱贫攻坚第一线倾情投入、奉献自我，用美好青春诠释了共产党人的初心使命，谱写了新时代的青春之歌。广大党员干部和青年同志要以黄文秀同志为榜样，不忘初心、牢记使命，勇于担当、甘于奉献，在新时代的长征路上做出新的更大贡献。

坚定信念

孙中山先生的革命生涯屡经挫折、备尝艰辛，但为了“造成独立自由之国家，以拥护国家及民众之利益”，他从不因失败而灰心，也从不因困难而退缩，坚信“吾心信其可行，则移山填海之难，终有成功之日；吾心信其不可行，则反掌折枝之易，亦无收效之期也”，坚信只要“精神贯注，猛力向前，应乎世界进步之潮流，合乎善长恶消之天理，则终有最后成功之一日”。

——习近平在纪念孙中山先生诞辰150周年大会上的讲话

（2016年11月11日）

原典

是故政治之隆污，系乎人心之振靡。吾心信其可行，则移山填海之难，终有成功之日；吾心信其不可行，则反掌折枝之易，亦无收效之期也。心之为用大矣哉！夫心也者，万事之本源也。

——孙中山《建国方略·孙文学说》

释义

政治的兴衰成败，取决于人心的振作或萎靡。如果有信心把某件事做成，即使有移山填海之难，也会有成功的一天；相反，如果没有信心把事情做成，即使像翻手掌、折树枝一样容易，也不会有见成效的时候。心理活动的作用非常大，人类社会中的一切事情和现象最终都可以归之于心，心是人世间万事的本源。

解读

坚定的理想信念是共产党人的精神支柱和政治灵魂，是人生的“指南针”，是新时代青年最宝贵的精神财富。一个国家、民族，对自己追求的宏伟目标有着坚定信念，补足精神之钙，才可能创造人间奇迹。只有青年有信念，国家才有希望，纵使前路布满荆棘，只要拥有坚定信念，我们就能毫无畏惧地面对一切困难和挑战，勇于攻坚克难，追求卓越，突破自己。

案例

钟南山：中国共产党人的家国情怀

2022年6月8日，“人格的力量——中国共产党人的家国情怀”展览在中国国家博物馆对公众展出。在展厅第4单元的角落里，陈列着一张红色的高铁票：广州南至武汉，二等座上方写着“无座”，开车时间是2020年1月18日。这张车票的乘车人，是钟南山。这一天，是84岁高龄的钟南山院士逆行奔赴武汉抗疫的日子。

国有召，即奔赴

那天上午，钟南山院士在广东省卫健委开会，正与专家商讨新冠肺炎疫情时，突然接到了马上赶往武汉的通知。对方电话一讲完，他就说：“我下午开完会，晚上肯定赶到！”

事情来得突然，不同寻常，钟南山院士却并非没有预感。那些天，他一直关注着武汉的情况，一直在琢磨着“新冠病毒”，心里十分担忧，但他没想到通知来得这么急迫。国家需要他，又是这么重要的事情，他必须紧急奔赴！ 由于正值春节，当天的机票和火车票都买不到了。在铁路部门的帮助下，钟南山院士挤上了傍晚5时45分开往武汉的高铁。

年耄耋，志不减

车厢里的乘客大都在低头看手机，钟南山院士几乎是唯一的老年人。这位耄耋之年的老人，不久前刚刚病过一场，低烧、咳嗽，身体虚弱又疲惫。然而与肆虐的病毒较量，就是在为无数条鲜活的生命奔跑，他志在必得，必须争分夺秒！

在餐车上一坐下来，钟南山院士就拿出电脑和一沓资料，开始全神贯注地工作起来，从下午5时到晚上8时许，中间只喝了两口水。晚上9点钟，钟南山院士太困了，他头靠在低矮的靠背上，闭上了眼睛。仅仅休息了十几分钟后，他又向随从人员交代起他对疫情的研判：一是他判断新冠肺炎肯定人传人；二是要重视，早发现、早隔离，提醒公众没有特殊情况不要去武汉，减少出门，避免聚集……

怀苍生，行不止

在钟南山的人生字典里，从来没有“停步”二字，他始终坚持医生为病人服务的根本。他每周坚持出门诊看病人、查房、会诊、科研、带研究生，几十年如一日，不论冬夏。他总是关切地询问来看门诊的外地病人：“有没有亲戚在这边？有没有地方住？”

多年来，他坚持学术研究、成果斐然：在《柳叶刀》等国际权威刊物发表SCI论文100余篇；出版各类专著近20部；主持制定了甲流、慢性咳嗽、慢阻肺等多种疾病诊疗指南。他正在带领团队研发一种抗癌药，该项研究已经做了26年；他还希望再奋斗20年，建设亚洲最大的心肺呼吸研究中心，包括对疑难病症的科研、培训、治疗，打造一个产学研中心。他从教数十年，坚持推动医学教育改革创新，注重国际视野，成立了“南山班”，培养了一大批拔尖人才……

一张无座票，无声地传递着人格的力量，也承载着共产党人的家国情怀。“当国家需要我，我责无旁贷。”在共和国勋章颁奖现场，钟南山院士铿锵有力地说出这句话时，全场爆发出了热烈的掌声。

坚守初心

当前，少数党员、干部自我革命精神淡化，安于现状、得过且过；有的检视问题能力退化，患得患失、讳疾忌医；有的批评能力弱化，明哲保身、装聋作哑；有的骄奢腐化，目中无纪甚至顶风违纪，违反党的纪律和中央八项规定精神问题屡禁不止。古人说："天下之难持者莫如心，天下之易染者莫如欲。"一旦有了"心中贼"，自我革命意志就会衰退，就会违背初心、忘记使命，就会突破纪律底线甚至违法犯罪。

——习近平在"不忘初心、牢记使命"主题教育总结大会上的讲话（2020年1月8日）

原典

吕侍讲所谓"天下之难持者莫如心，天下之易染者莫如欲"，其亦善矣。

——［宋］朱熹《四书或问》

释义

天下最难把持的是人的内心，而天下最容易受到沾染的是人的欲望。

解读

初心易得，始终难守。面对纷繁复杂的欲望，如果不对非分的欲望加以节制而任由其泛滥，后果将会不堪设想。只有不断地砥砺自我和淬炼心性，控制和约束自己心中负面的欲望，保持崇高的理想和斗争精神，才能够明心见性、扫荡心中之贼、提升人生境界，才能取得成功。

案例

郭瑞祥：矢志坚守初心的红军战士

“这是党授予的最高荣誉，一定要亲自来领。”

2021年6月29日，101岁的郭瑞祥身着绿军装，坐在轮椅上接受了习近平总书记亲自授予的“七一勋章”。

郭瑞祥，河北魏县人。父亲是乡医，给穷人看病很少收钱。“冬天我拾粪，耳朵和脚都冻出血来；春天挖野菜充饥，一家人天天为吃饭发愁。”郭瑞祥说。15岁开始，他就跟着大人们发传单、送消息，积极参加党的地下活动。1937年3月，郭瑞祥在战乱中光荣加入中国共产党。

他是矢志坚守初心的红军战士。16岁投身革命，抗日战争时期，郭瑞祥先后参加了冀南战斗、反扫荡战役、肖渠战斗、曹县东南反顽战役等，作战英勇。七七事变爆发后，郭瑞祥作为地下工作者，在复杂险恶的环境中，为我军收集了大量情报。他积极在群众中发展党员，扩大党的队伍，还在1939年组织带领40余人光荣参军。

1940年5月，在鲁西南一个叫肖渠的地方，日军兵分两路发起进攻。

“战斗非常激烈，战士的鲜血染红了沟沟峁峁。”时任新三旅八团一营一连指导员的郭瑞祥，带领一个排迂回到敌人后方，突袭了留守的日军。

尽管已经过去80多年，郭瑞祥对当年的战斗细节仍然记忆如昨：“我命令战士架起机枪向日军扫射，日军围墙里的一批战马受到枪声惊吓，纷纷跳墙逃走了。”

“当时留守的日军连死带逃，我们乘胜追击，缴获了十几匹日本战马、一批骑兵步枪和一挺歪把子机枪，打击了敌人的嚣张气焰。”郭瑞祥回忆。

1946年9月，时任东明县独立营政治委员的郭瑞祥带领150余名战士向敌军发起进攻，由于消息泄露，敌军增援1000多人将郭瑞祥和战友们团团包围。战斗从拂晓打到天黑，战士们滴水未进，多次突围失利致使士气有些低落。危急时刻，郭瑞祥及时整顿健全组织、加强党的领导，组织党员骨干带头发起突围，成功挽救了危局。

渡江战役后，郭瑞祥所在的二野五兵团西进贵州，开展剿匪战斗。1950年年初，他负责对起义部队进行教育，宣传党的政策及我军的方针，在随时可能发生反叛暴动的情况下，完成了对官兵的改造，并很快把他们分编到了正规的解放军部队，充实了我军力量。

1979年，郭瑞祥从贵州省都匀军分区离休。三年后，他北上辽东半岛，在旅顺一家干休所安度晚年。

在女儿郭惠丽眼中，郭瑞祥始终坚持共产党人艰苦朴素的作风。郭老有一双皮鞋，看上去有些年头了，可他一直舍不得扔，如今，他时不时还会拿出来穿一穿。那是20世纪50年代部队发的，他很爱惜。她记得，父亲有一件穿了16年的羊毛衫，后来袖子破了也舍不得丢弃，被他改成了背心。而今家里的一些家具，还是父亲30多年前手工打磨制作的。

中国共产党百年光辉历程，郭瑞祥既是见证者又是参与者。作为军人，他先后荣立二等功1次、三等功2次，1957年被授予三级独立自由勋章、三级解放奖章，1988年被授予中国人民解放军独立功勋荣誉章。

在党84年，郭瑞祥非常珍惜党组织给的各种荣誉。不同时期获得的勋章，他常拿出来小心擦拭。“我要时刻擦拭共产党员的‘初心’，不让它沾染一丝尘埃。”

战争年代冲锋在前，和平年代不忘初心，“永远不给党和国家添麻烦，努力学习，艰苦奋斗，没有共产党员克服不了的困难。”他用一生践行了自己的话。

敢为人先

一百年来，中国共产党团结带领中国人民，以“为有牺牲多壮志，敢教日月换新天”的大无畏气概，书写了中华民族几千年历史上最恢宏的史诗。这一百年来开辟的伟大道路、创造的伟大事业、取得的伟大成就，必将载入中华民族发展史册、人类文明发展史册！

——习近平在庆祝中国共产党成立100周年大会上的讲话

（2021年7月1日）

原典

别梦依稀咒逝川，故园三十二年前。
红旗卷起农奴戟，黑手高悬霸主鞭。
为有牺牲多壮志，敢教日月换新天。
喜看稻菽千重浪，遍地英雄下夕烟。

——毛泽东《七律·到韶山》

释义

离别家乡之后，故乡故人时常在梦中出现；如今久别重逢，唤起了对32年前往事的回忆，不禁对如流的岁月怅恨不已。在反动派的严重压迫下，人民举起了红旗，以革命的武装反对反革命的武装。数十年来，无数共产党人和革命先烈义无反顾，前仆后继，为中国革命献出了自己的宝贵生命。如今，烈士的鲜血浇灌出胜利的花朵，天地翻覆，日月重光，新中国诞生了，社会主义建设在探索中不断前进。喜见韶山冲稻浪滚滚，丰收在望，人民战天斗地，建设国家，这是革命先烈“换新天”理想的实现，也是对革命先烈最好的告慰。

解读

一百年来，中国共产党团结带领中国人民，浴血奋战、百折不挠，一路披荆斩棘，付出巨大牺牲，跨过一道又一道沟坎，取得一个又一个辉煌胜利，依靠的正是“革命理想高于天”和“为有牺牲多壮志”的大无畏精神。新时代的我们，每一个人都在为实现中华民族伟大复兴的中国梦而努力，更需要我们汲取精神力量，秉承革命前辈遗志，不断与时俱进、坚定信念、敢为人先、无私奉献、开拓进取，为实现共产主义不懈奋斗。

案例

任正非：敢为人先立潮头

如今，华为成为国产科技巨头的中流砥柱，影响力遍布全世界，就连欧美也有危机感。华为的成功背后，自然离不开一个灵魂人物——任正非。作为华为创始人，任正非成为中国杰出的企业家之一，曾两度登上美国《时代》杂志全球100位最具影响力人物榜单……《时代周刊》曾这样评价他："任正非是一个为了观念而战斗的硬汉。"

1944年任正非出生于贵州省安顺市镇宁县一个贫困山区的小村庄，小学和中学就读于贵州边远山区的少数民族县城。当时任正非家在当地人看来算是"富人"了，因为他们家炒菜时是有盐的，这就是当地人眼中的"富人"标准。实际上，据任正非回忆，他们虽然不算很穷的孩子，但是和城市的孩子比起来就差远了。虽然父母都是老师，家境不算差，但因为他家一共有7个兄弟姐妹，负担自然非常重。

为了保证7个孩子都能活下来，任正非的父母想了一个办法——分餐，也就是每个人吃多少都是固定好了的，大家不能争抢，这样就能保证每个孩子不饿死。

多年以后，任正非在接受一家德国电视台采访的时候回忆，从小到大，他最深刻的记忆就是吃不饱，尤其是那三年特殊时期，最大的梦想就是吃一个馒头。晚上睡觉做梦都是在想是不是有个馒头吃。母亲为了让任正非全身心投入高考，每天都会为他准备一张玉米饼。能够上到大学，全靠那几张从家人口中省出来的玉米饼。

在那段挨饿的岁月中，任正非说每个学期每人要交2、3元的学费，妈妈每次都为学费发愁，经常看到妈妈到处向人借钱。任正非直到高中毕业都没有穿过衬衣，考上大学后，妈妈送了2件衬衣给任正非，任正非心里很难受，因为他知道，他有衬衣了，那就意味着弟弟妹妹的日子会更艰难。

1974年，为了建设从法国引进的辽阳化纤总厂，任正非应征入伍，加入基本建设工程师的行列，承担了该项目的建设任务，历任技术员、工程师、副所长（技术副团级），无军衔。在此期间，任正非参加了1978年的全国科学大会和1982年的中国共产党第十二次全国代表大会。

1983年，国家调整建制，撤销基建工程兵。任正非从军队调到了改革开放试验田深圳，担任南友集团电子公司的副总经理，南友集团是当时深圳较好的企业之一。但是工作并不顺利，任正非工作中被骗，导致公司200万元贷款无法收回，结果被辞退，任正非失去了经济来源。

1987年，43岁的任正非由于生活所迫，找朋友凑了2.1万元在深圳注册成立了华为技术有限公司，任正非将公司起名为“华为”，寓意“中华有为”，并愿为中华的崛起而为之！当时，也许除了任正非以外，没有人会想到，一家诞生于破败工厂的小公司，将改写中国乃至世界电信制造业的历史。

创立初期，华为靠代理香港某公司的程控交换机获得了第一桶金。任正非凭借深圳特区信息方面的优势，从香港进口产品到内地，以赚取差价——这是最常见的商业模式，对于身处深圳的公司而言，背靠香港就是最大的优势。

华为当时赚到第一桶金之后发现：市场上的交换机是良莠不齐的，大部分都是香港的产品或者是贴牌生产的，这些产品的质量都不高。这个时候有大量的西方企业进军中国市场，这些公司的产品质量更好且价格更低。任正非意识到，如果只是单纯的模仿，或者代理，那是毫无未来的。他看到了中国电信行业对程控交换机的渴望，同时他也看到整个市场由跨国公司主导。此时，国内在程控交换机技术上基本是空白。任正非敏感地意识到了这项技术的重要性，他将华为的所有资金投入到研制自有技术中。从此任正非摆脱了“代理商”头衔，踏上了企业家的道路。

自2000年起，华为开始在海外市场全面拓展，包括泰国、新加坡、马来西亚等东南亚市场以及中东、非洲等区域市场。特别是在华人比较集中的泰国市场，华为连续拿下了几个较大的移动智能网订单。此外，在相对比较发达的地区，如沙特、南非等，华为也取得了良好的销售业绩。

在发展中国家的连战告捷使华为信心倍增。此后，华为开始在关注已久的发达国家市场上有所行动。在西欧市场，从2001年开始，以10G SDH光网络产品进入德国为起点，通过与当地著名代理商合作，华为产品成功进入德国、法国、西班牙、英国等发达国家。

任正非，一个中国商业史上无法绕开的名字，被誉为教父级企业家。他重新定义了中国企业家精神，他的创业故事激励着无数企业家拼搏奋斗。他和他缔造的企业一样沉稳低调，历经沉浮坎坷，却始终披荆斩棘。无论在中国自己的土地上，还是在欧洲、非洲，以及美国，华为所致力的是以自己的技术优势造福人类，其企业理念与我国倡导共建人类命运共同体的理念一脉相承。作为生于贵州长于贵州的贵州人，任正非用壮阔激荡的创业历程，深刻注解了贵州企业家坚韧不拔，敢为人先的伟大精神。